PIRATAS y TRAFICANTES

▼ Un ataque pirata era una experiencia verdaderamente sangrienta para los marineros de los siglos XVIII y XIX. En esta pintura del artista americano Frederick Judd Waugh (1861-1940), un grupo de fieros bucaneros (ver págs. 20-21) aborda un barco enemigo; van fuertemente armados con pistolas y afilados alfanjes. Pocas tripulaciones ofrecían resistencia a tan terribles asaltos.

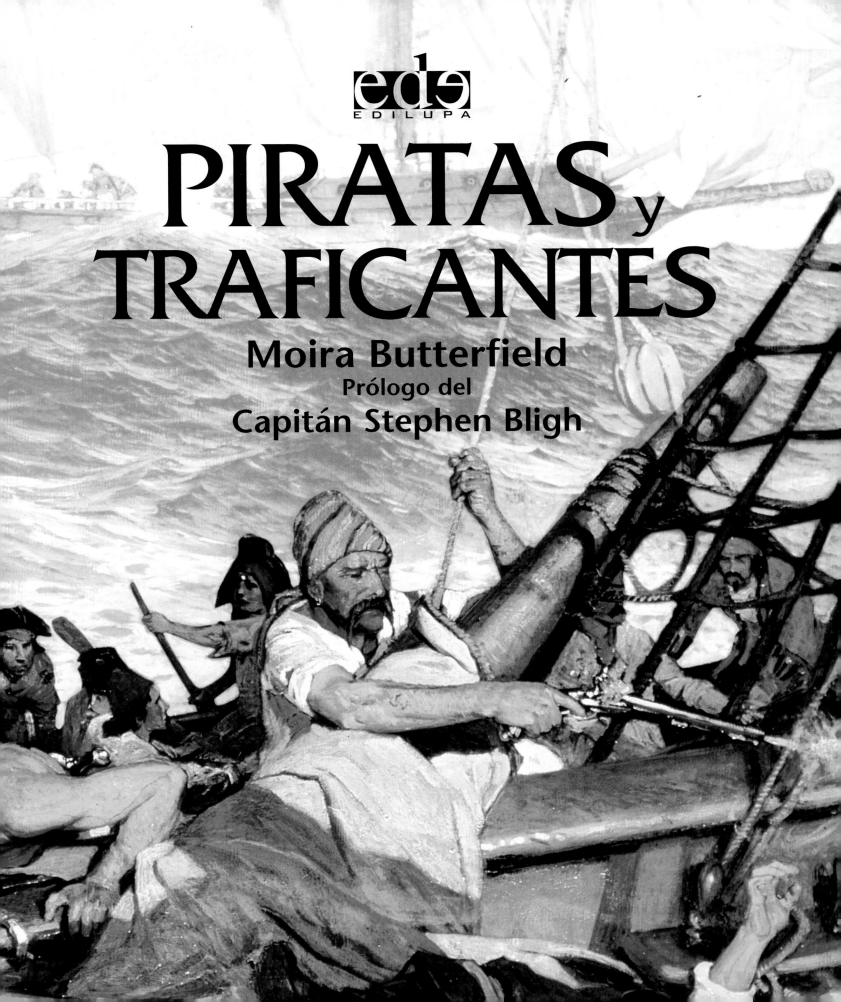

PIRATAS Y TRAFICANTES

Moira Butterfield

Prólogo del
Capitán Stephen Bligh

Primera Edición: 2007
ISBN 978-84-96609-93-8

Maquetación: TXT Servicios editoriales

▶ Los actuales piratas usan pequeños y rápidos botes para alcanzar a sus víctimas. Estos bandidos tienen su base en las islas Riau de Indonesia. Una vez detectado su objetivo, los piratas emplean una larga pértiga de bambú con un gancho en la punta para fijar su bote a un costado antes del abordaje.

Contenidos

VE MÁS ALLÁ...

INFORMACIÓN:

 páginas web y libros

 Carreras relacionadas

 Lugares para visitar

NOTA A LOS LECTORES

Las direcciones de Internet mencionadas en este libro eran válidas en el momento de la edición. Pero debido a las constantes modificaciones en Internet, esas direcciones y su contenido pueden haber cambiado. Además, las páginas pueden contener vínculos inadecuados para los niños. La editorial no se hace responsable de cambios de dirección o de contenido ni de información obtenida en otras páginas. Así, aconseja enfáticamente a los adultos supervisar las búsquedas en Internet de los niños.

D.R. © Kingfisher Publications Plc
New Penderel House
283-288 High Holborn
Londres, WC1V 7HZ

Prólogo

Dada la fama del capitán William Bligh del *HMS Bounty*, se podría decir que era inevitable que yo llegara a Director de la Agencia Marítima y de Guardacostas. Como William Bligh, fui capitán de un barco durante más de 20 años, pero a diferencia de él nunca sufrí un motín y, me agrada decirlo, tampoco me enfrenté a piratas.

Ya se hable de Long John Silver, personaje de Robert Louis Stevenson en su obra *La Isla del Tesoro*, de 1881, o del capitán Jack Sparrow en el impresionante film hollywoodiense *Piratas del Caribe*, asociamos a los piratas con alguien que en realidad no hace daño, que vive fuera de la ley y siempre busca tesoros.

En la historia de la piratería y el contrabando ha habido muchos bribones. Desde el pirata Morgan y Barbanegra, hasta mujeres como Anne Bonny y Mary Read, la piratería ha tenido muchos personajes espeluznantes; seguro que disfrutarás con sus aventuras. Películas y novelas han hecho de los piratas unos pícaros románticos, pero en realidad la piratería y el contrabando fueron negocios de asesinos. Muchos inocentes han muerto a manos de piratas que harían de todo por dinero, ya sea matar, robar o –en el caso de las guerras napoleónicas– traicionar a la nación vendiendo secretos y asilando espías franceses.

El tráfico y el contrabando son muy importantes para la Agencia Marítima y de Guardacostas, pues la guardia costera se fundó con el objeto de impedir el contrabando en los mares de Inglaterra. En los siglos XVIII y XIX, los guardacostas vivían junto a los traficantes –ya sea tratando de detenerlos o porque la comunidad local estaba relacionada con el comercio.

Gracias a esos aciagos días la costa británica se mantuvo, pero la piratería sigue siendo un gran problema en otras partes del mundo, sobre todo en los mares del sur de China y en el estrecho de Malaca; partes del mar Caribe y América del sur; este y oeste de África; y el Océano Índico. Los sables han sido reemplazados por pistolas, y el blanco de los piratas son las importantes líneas navieras. Esta moderna actividad amenaza el comercio internacional, las economías nacionales y, lo más importante, las vidas de los marinos.

Hay cada vez más pruebas de que la piratería está vinculada con el terrorismo. En el mar no sólo está creciendo la cantidad de grupos armados, sino la de terroristas abordando y asaltando navíos con la intención de atacar a otras naves e incluso al medio ambiente. El contrabando de drogas y el terrorismo están muy lejos de la búsqueda de tesoros en islas solitarias.

La piratería es tan relevante hoy como siempre. Es maravilloso que este libro delinee no sólo la rica historia de la piratería y el contrabando, sino también la amenaza actual. Espero que disfrutes su lectura.

Capitán Stephen Bligh,
Director de la Agencia Marítima y de Guardacostas del Reino Unido

CAPÍTULO 1

Los primeros piratas

Si piensas en la imagen de un pirata, puede que veas un flamante caballero vestido de levita, con sable, garfio en vez de mano y un parche en el ojo. Esta imagen se basa en los piratas del siglo XVIII, pero esa fue solo una etapa en la larga y violenta historia de la piratería.

Durante miles de años, se ha navegado por los océanos transportando cargas valiosas para vender en otros países. Los piratas han recorrido los mares desde siempre, atacando barcos y ciudades costeras para su beneficio.

Los egipcios sufrían ataques de los "pueblos del mar" desde el siglo XIV a.C. y griegos y romanos también se enfrentaron a piratas. Como el comercio por mar creció al final de la Edad Media, la amenaza del crimen se trasladó al océano.

Este mosaico muestra al antiguo dios griego Dionisio en forma de león, dirigiendo piratas desde su nave (pág. 8)

Esos viejos tiempos

Hacia el año 2500 a.C. alrededor del Mediterráneo florecieron grandes civilizaciones con lo que creció el transporte por mar de productos como grano y aceite de oliva. Los navíos mercantes se desplazaban cerca de las costas, pues los marineros temían navegar en mar abierto; esta situación los ponía en el riesgo de ser atacados por piratas, que acechaban la costa para asaltar a los buques.

Ladrones de personas

Antiguamente, la trata de esclavos era un buen negocio. Los piratas del Mediterráneo obtenían ganancias raptando a la gente de los pueblos costeros y vendiéndola como esclavos. Los prisioneros pudientes eran vendidos de vuelta a sus familiares por un alto rescate. En la mitología griega se cuenta que una banda de piratas tomó prisionero a Dionisio, dios del vino (ver pág. 7). Dionisio se convirtió en león y los bandidos saltaron por la borda. En castigo, el dios convirtió a los piratas en un banco de delfines.

▶ En el Mediterráneo, una nave pirata ataca a un mercante que lleva un valioso cargamento de Egipto a Roma. Los cargueros eran pesados, lentos y navegaban a vela, no podían competir con los elegantes y veloces navíos de los piratas. Para hundir las naves enemigas, las galeras estaban armadas con espolones, puntas de madera reforzada con latón que salían de la proa del barco.

Barco mercante romano

La mayoría de los barcos mercantes tenía tripulaciones pequeñas y pocas armas.

◀ Cuando era joven, Julio César (100-44 a.C.) fue capturado y retenido por los piratas de Cilicia. Una vez pagado el rescate, César fue liberado. Como venganza, Julio César sitió y ejecutó a los piratas.

◀ Esta ilustración de
una vasija griega del siglo VI
a.C. muestra un ejemplo de naves de
guerra construidas por los griegos para luchar
contra los piratas del Mediterráneo.

Los piratas prueban su utilidad

En los mares de Grecia hay muchas islas y ensenadas que eran ideales para que los piratas se ocultaran. La piratería fue un gran problema, y los griegos construyeron flotas de guerra para combatirla. A veces las ciudades estado peleaban entre sí, y los líderes animaban a los piratas a atacar barcos enemigos. Grecia es un antiguo ejemplo de gobernantes que acudían a los piratas para atacar al adversario.

Romanos contra piratas

Cuando el imperio romano acrecentó su poder decidió acabar con los piratas del Mediterráneo. Primero se dirigieron al oriente. Hacia el siglo I a.C., Cilicia, parte de la actual Turquía, se había convertido en un centro de piratas, que amenazaban el vital transporte de grano de Egipto a Roma. En 67 a.C., Pompeyo el Grande (106-48) atacó sus bases por tierra y mar, acabando con los piratas.

Galera pirata

Una vez capturadas las naves, los piratas armados hasta los dientes invadían el carguero.

◀ En la antigüedad, piratas y marineros navegaban en galeras. El diseño original fue griego, y los romanos lo copiaron. Las galeras llevaban en general dos o tres bancos de remeros para moverlas, lo que las hacía muy rápidas.

Torreta de batalla

Algunas galeras piratas tenían unos ojos pintados en la proa como amuleto, y para que el barco pareciera más amenazador.

Los remeros en la galera daban la fuerza al choque

▼ Una flota de barcos vikingos se dirige velozmente a la costa nordeste de Inglaterra para asaltar una iglesia y llevarse los metales preciosos. El primer ataque vikingo registrado allí fue al monasterio de la isla Lindisfarne en el año 793. En el asalto, los vikingos capturaron gente para pedir rescate o venderla como esclavos.

Las barcas tenían poco calado por lo que eran fáciles de llevar hasta la playa o de adentrarlas remando por un río.

Fortísimos remeros, listos para unirse al ataque

Timón

La amenaza del norte

En el siglo V, el imperio romano se derrumbó y la piratería surgió una vez más. En el norte de Europa los bárbaros asaltaban sin compasión naves y colonias costeras, sembrando el terror entre la población por sus ataques sorpresa y su violencia.

Hechos de planchas de madera solapadas, unidas entre sí con clavos, los botes eran lo bastante fuertes para navegar en mar abierto.

Corsarios vikingos

Los vikingos de Escandinavia fueron los más temidos de todos los corsarios del norte. De los siglos VIII al XI, amenazaron las costas del norte de Europa. Eran marineros expertos que podían navegar en mar abierto y luego remontar ríos, para tomar por sorpresa ciudades y villas. Antes de que los habitantes pudieran esconder sus riquezas, fieros guerreros desembarcaban para matar y saquear.

Los vikingos medían su fortuna por la cantidad de metal precioso que poseían. Les encantaba asaltar iglesias y monasterios cristianos por los tesoros que solían hallar. Robaron grandes cantidades, mucho de lo cual se fundió para hacer joyería o lingotes. A veces, simplemente deshacían en partes los tesoros para usarlas como dinero.

El monje pirata

England and France were often at En la Edad Media, Inglaterra y Francia estaban frecuentemente en guerra y ambas naciones utilizaron la piratería para herir al enemigo. Antes de ser pirata, el monje Eustacio (c. 1170-1217) fue sacerdote. Al ser protegido del rey Juan de Inglaterra (gobernó de 1199 a 1216), asaltaba barcos franceses en el Canal Inglés. Luego cambió de bando y los franceses le pagaban por atacar a los ingleses, que lo capturaron y, a bordo de su propia nave, lo degollaron.

Bárbaros del Báltico

El mar Báltico era una zona de gran importancia comercial en el siglo XIV. Muchos grandes puertos se unieron y crearon la Liga Hanseática, y sus bien cargados barcos fueron blanco de los piratas. Uno de los más famosos bandidos fue Klaus Störtebeker, que aterrorizó el Báltico en la década de 1390, pero al fin fue capturado por la Flota Hanseática en 1402. El pirata y 70 de sus seguidores fueron llevados a Hamburgo, Alemania, y ejecutados.

▲ El nombre del pirata báltico Störtebeker (ejecutado en 1402) significa "de un solo trago". Para unirse a la banda, un marinero debía pasar esta prueba: beber de un trago una jarra de cerveza.

Trata de esclavos

En los siglos XV y XVI, el norte de África estaba gobernado por el imperio turco-otomano. Los piratas musulmanes se hacían a la vela desde puertos cercanos a las costas del Mediterráneo para atacar buques mercantes y asentamientos cristianos. Los corsarios iban tras lo más valioso: los cristianos, para venderlos como esclavos. Se cree que en 200 años, más de un millón de europeos fueron raptados y esclavizados. Los cristianos los llamaban bárbaros.

▲ Jefes corsarios como los hermanos Barbarroja se hicieron fabulosamente ricos, tenían palacios y poderosas flotas novieras. Esta pintura muestra a Khayr ad-Din (c.1470-1546), el más joven de los dos. Recibieron tal sobrenombre desde jóvenes, porque describía su pelirroja barba.

La costa pirata

Las ciudades de Argelia, Túnez y Trípoli eran baluartes corsarios, y también lugar de mercado de esclavos abastecidos por los piratas. Los hermanos Barbarroja y Murat Rais fueron famosos capitanes corsarios (c.1535-1638), que navegaron hasta Irlanda para asaltar villas costeras, capturando a poblaciones enteras y dejando desiertas inmensas áreas. Pero no todos los corsarios eran árabes. Algunos marinos cristianos se les unieron.

Galeras corsarias

Las galeras de los corsarios árabes eran galeras veloces con remos y vela triangular para alcanzar a sus víctimas. Los remeros eran esclavos a los que los soldados musulmanes (jenízaros) azotaban para obligarles a remar más rápido. Llevaban un cañón al frente, por lo que podían disparar directamente al enemigo y eran un blanco muy estrecho para el fuego contrario. Una vez adosada la galera al enemigo, los jenízaros luchaban cuerpo a cuerpo.

◄ Los sacerdotes cristianos (a la izquierda) solían liberar esclavos de los árabes, que se los vendían en los mercados de esclavos de Berbería.

Esclavos en venta

Los corsarios musulmanes vendían sus cautivos en los prósperos mercados de esclavos en las costas del norte de África o los forzaban en sus galeras. La vida de un esclavo en galera era corta y brutal, por lo que siempre se necesitaban nuevos. Las mujeres se solían vender a los harenes. Se dice que en un tiempo había tantos esclavos cristianos en Argelia que podías comprar uno por una cebolla.

▼ Esta pintura de 1670 muestra una flota de mercantes holandeses atacados por corsarios de Berbería. Al fondo se ve una de las galeras corsarias. Los corsarios disparan flechas a un navío holandés desde la proa y desde la popa del barco. Las galeras eran finas y ágiles, capaces de arranques repentinos a alta velocidad en cuanto los remeros mantuvieran el ritmo.

Caballeros piratas

Por lo general, corsarios y mercantes musulmanes eran atacados por marineros cristianos dirigidos por los Caballeros de San Juan, hermandad fundada para combatir a la religión islámica, pero estos marineros acabaron también dedicándose a la piratería. Los esclavos musulmanes recibían en galeras el mismo trato brutal que los cristianos en Berbería.

Pillaje de corsarios

En el siglo XVI, las naciones europeas competían por conquistar nuevas tierras y volver con valiosos cargamentos. Al frente estaba España, con importantes colonias en el Caribe, América Central y del Sur. España era una potencia católica y sus enemigos protestantes querían destruir el comercio español contratando capitanes que la atacaran por la retaguardia. Estos piratas autorizados (con patente de corso) eran los "corsarios".

▼ Sir John Hawkins (1532-95) fue un héroe para los ingleses por asaltar naves españolas y pelear contra la Armada en 1588. Pero para otros era un criminal que inició la trata de esclavos entre África y América y vendía ilegalmente esclavos africanos a colonias españolas.

Patentes de corso

Los gobiernos europeos emitían patentes de corso –contratos formales con los que el monarca contrataba al dueño de la nave y su tripulación, y los enviaba a destruir el comercio marítimo enemigo. La patente de corso autorizaba la piratería y aseguraba al monarca una parte del botín. Una forma barata de hacer la guerra y obtener ganancias a la vez.

Hechas para volar

Las naves corsarias eran esbeltas y más rápidas que los pesados barcos españoles de tesoros, o galeones (ver págs. 16-17). Usaban cañones para abatir un galeón y dominarlo, sin el riesgo de una lucha cuerpo a cuerpo.

Héroes corsarios

Los gobiernos europeos premiaron bien a los corsarios. Francis Drake (1540-96) fue nombrado caballero por Isabel I (que reinó de 1558 a 1603) por atacar naves españolas en la década de 1570. En 1588, una gran flota española, La Armada Invencible, zarpó para luchar contra Inglaterra. Corsarios como Drake y John Hawkins la destruyeron y se convirtieron en héroes. Más de un siglo después, René Duguay-Trouin fue honrado por Luis XIV por atacar a los ingleses.

▼ Los corsarios ayudaron a destruir La Armada española. Aprovecharon su náutica y conocimiento de la costa inglesa para burlar al enemigo, aunque la naturaleza también hizo su parte.

Corsarios que se hacen piratas

Las naciones de Europa no estaban siempre en guerra durante el siglo XVI y, aunque se pensaba que los corsarios sólo tenían permitido atacar en tiempo de guerra, no dejaron de hacerlo en tiempos de paz. La tentación de grandes ganancias era muy poderosa. La reina Isabel I rechazaba las actividades de sus corsarios en tiempos de paz, los llamaba "perros marinos". En privado apoyaba sus ataques, que le aportaron grandes riquezas.

► Los expedicionarios franceses también se llamaban corsarios. René Duguay-Trouin (1673-1736), el más reconocido, capturó 16 barcos de guerra y casi 300 mercantes en sus 23 años de carrera.

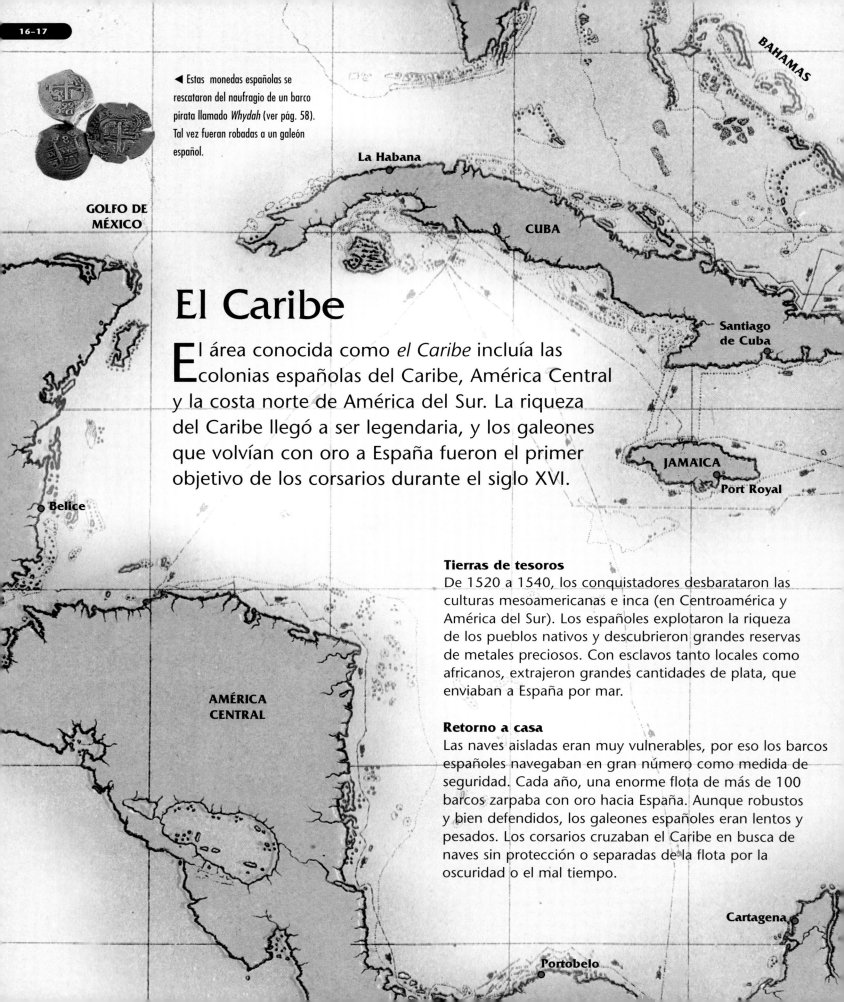

◄ Estas monedas españolas se rescataron del naufragio de un barco pirata llamado *Whydah* (ver pág. 58). Tal vez fueran robadas a un galeón español.

GOLFO DE MÉXICO

BAHAMAS

La Habana

CUBA

Santiago de Cuba

JAMAICA

Port Royal

Belice

El Caribe

El área conocida como *el Caribe* incluía las colonias españolas del Caribe, América Central y la costa norte de América del Sur. La riqueza del Caribe llegó a ser legendaria, y los galeones que volvían con oro a España fueron el primer objetivo de los corsarios durante el siglo XVI.

AMÉRICA CENTRAL

Tierras de tesoros

De 1520 a 1540, los conquistadores desbarataron las culturas mesoamericanas e inca (en Centroamérica y América del Sur). Los españoles explotaron la riqueza de los pueblos nativos y descubrieron grandes reservas de metales preciosos. Con esclavos tanto locales como africanos, extrajeron grandes cantidades de plata, que enviaban a España por mar.

Retorno a casa

Las naves aisladas eran muy vulnerables, por eso los barcos españoles navegaban en gran número como medida de seguridad. Cada año, una enorme flota de más de 100 barcos zarpaba con oro hacia España. Aunque robustos y bien defendidos, los galeones españoles eran lentos y pesados. Los corsarios cruzaban el Caribe en busca de naves sin protección o separadas de la flota por la oscuridad o el mal tiempo.

Cartagena

Portobelo

◄ Los conquistadores se hicieron con fabulosos tesoros de oro y plata, como esta figura de oro. Fundieron la mayor parte para hacer monedas. Las monedas de plata se llamaban octavos u ochavos, y las de oro doblones.

► Esta pintura muestra piratas en un bote pequeño a punto de abordar a un lento y pesado galeón cargado de tesoros en el Caribe.

Tortuga

LA ESPAÑOLA

Santo Domingo

Isla Vaca

Galeones atestados

Los galeones navegaban bien con el viento de popa pero eran muy lentos con viento contrario, y se hacían presa fácil de los corsarios. Una vez alcanzado un galeón, un corsario podía dispararle con sus cañones para obligarlo a rendirse. Si se llegaba a la lucha cuerpo a cuerpo, los españoles tenían mejores oportunidades, pues estaban bien armados con mosquetes, espadas y cuchillos.

Cazador mortal de piratas

Entre 1540 y 1550, los galeones españoles fueron atacados por los piratas franceses cuya base estaba en lo que hoy es Florida. Pedro de Menéndez de Avilés (1519-1574) fue enviado a exterminarlos. En 1565 sitió la base de los piratas en Fort Carolina mientras estaban en el mar, los habitantes fueron aniquilados y los piratas ejecutados.

▼ El Caribe es una vasta extensión geográfica centrada en torno a muchas islas, como Cuba y La Española (República Dominicana). Este mapa del siglo XVI muestra algunos de los principales puertos.

TRINIDAD

Maracaibo

AMÉRICA DEL SUR

SUMARIO DEL CAPÍTULO 1: LOS PRIMEROS PIRATAS

Los vikingos saqueaban las iglesias cristianas porque solían estar llenas de valiosos tesoros, como este libro con incrustaciones de piedras preciosas.

Los piratas atacan pueblos

Los piratas habían llevado el terror a los océanos desde que empezó el comercio marítimo. Durante milenios capturaron los barcos de cargas valiosas y atacaron las ciudades y villas costeras capturando a las personas que allí habitaban.

Los antiguos corsarios griegos, romanos, musulmanes, vikingos y europeos ganaban dinero capturando y vendiendo personas como esclavos, a veces raptándolas de sus propias casas y también de barcos. Los cautivos ricos eran devueltos a las familias que podían pagar por su rescate, pero a los pobres se los vendía en mercados.

Gobernantes y piratas

Los reinados contrataban piratas para sus propios fines, apoyándolos con naves, dándoles permiso de atacar enemigos, y en ocasiones cediéndoles parte de las ganancias de las incursiones. En el siglo XVII, el vínculo entre gobernantes y piratas era particularmente fuerte. Los países europeos iban a la guerra por motivos religiosos, y también para obstruir el comercio de ultramar y colonizar nuevas tierras. Los monarcas, como la reina Isabel I de Inglaterra, otorgaban a los piratas patentes de corso.

El Caribe

América Central, el norte de América del Sur y las islas del Caribe fueron un hervidero de piratas durante el siglo XVI. Inglaterra y Francia enviaban corsarios a la región a atacar a los galeones españoles, cargados de tesoros de oro y plata. Los corsarios llegaron a ser héroes en sus propios países, pero los demás los veían como criminales despiadados y violentos.

Ve más allá...

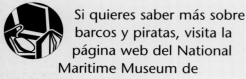 Si quieres saber más sobre barcos y piratas, visita la página web del National Maritime Museum de Greenwich, en Londres: www.nmm.ac.uk

Lee sobre la reconstrucción de un barco largo vikingo en la web del Roskilde Viking Ship Museum: www.vikingeskibsmuseet.dk

 Arqueólogo
Estudia el pasado trabajando en yacimientos para descubrir antiguas ruinas y objetos sin dañarlos.

Archivista
Conserva y clasifica documentos históricos.

Conservador
Técnico especialista en la conservación de objetos históricos, usando herramientas especiales y sustancias.

Comisario
Responsable del área de un museo, que se asegura de que lo exhibido esté en un ambiente correcto que lo mantendrá bien y seguro.

 Visita Roma, la capital de Italia, donde encontrarás antiguas ruinas y museos dedicados a la vida en la Roma clásica.

Escena de la película *El pirata Barbanegra,* de la época de la Edad de Oro

CAPÍTULO 2

La Edad de Oro

Una rápida y esbelta balandra aparece en la neblina detrás de un lento mercante que se inclina por el peso de su carga. Los sanguinarios piratas, dirigidos por un capitán loco, lo abordan.

Esta es una conocida escena de película, pero también una visión de lo escrito durante la "Edad de Oro" de la piratería entre 1690 y 1730, cuando el crimen estaba en su apogeo en las costas de América y el Océano Índico. Escritos de la época hablan de personajes extraordinarios como el malvado Barbanegra y el astuto pirata Morgan. Estos villanos se convirtieron en celebridades cuyas aventuras escandalizaron y fascinaron a los lectores europeos. Desde entonces, sus auténticas aventuras se han combinado con la imaginación de los escritores para crear la más popular imagen del pirata.

Bucaneros

La Edad de Oro de la piratería empezó con un andrajoso grupo de cazadores ilegales. Durante años los españoles trataron de mantener a los demás países alejados del Caribe, pero a principios del siglo XVII un grupo de antiguos marinos franceses se estableció en La Española. Vivían de la tierra, cazando ganado salvaje y conservando los alimentos ahumaderos o *boucans*. Se los llamó *boucaniers* o bucaneros. Cuando los españoles trataron de expulsarlos, volvieron a la piratería, atacando barcos españoles y pueblos costeros.

▲ Los bucaneros fueron muy crueles, en especial el francés François l'Ollonais (1635-c.1669). Se dice que le sacó el corazón a un prisionero y se lo metió en lo boca a otro.

▼ Henry Morgan era un capitán galés que se hizo bucanero. Su licencia de corsario implicaba pagar al monarca inglés una parte de cualquier cosa que capturara en el mar. Para saltarse esa regla solía atacar ciudades costeras. Aquí Morgan y sus hombres saquean la ciudad de Portobelo, Panamá, en 1668.

Isla de piratas

Cuando los bucaneros fueron expulsados de La Española (hoy Haití y República Dominicana), se establecieron en la cercana isla Tortuga (ver mapa en pág. 17). A pesar de los intentos españoles por acabar con el refugio, el número de bucaneros creció con la llegada a la isla de esclavos fugitivos, piratas franceses y buscadores de fortuna.

Nacen las leyendas

Tortuga se convirtió en la más infame base pirata en el Caribe. Fue una especie de *república pirata*, gobernada por capitanes osados y viciosos. Sabemos de sus hazañas gracias al libro *Bucaneros de América*, escrito por un cirujano pirata, Alexandre Exquemelin (1645-1707). Hablaba de robos de tesoros, de terribles crueldades y de grandiosas huidas. Narraba cómo regresaban los bucaneros a Tortuga con su botín y planeaban más asaltos. Este libro del siglo XVII es la base para muchas de las ideas actuales sobre los piratas.

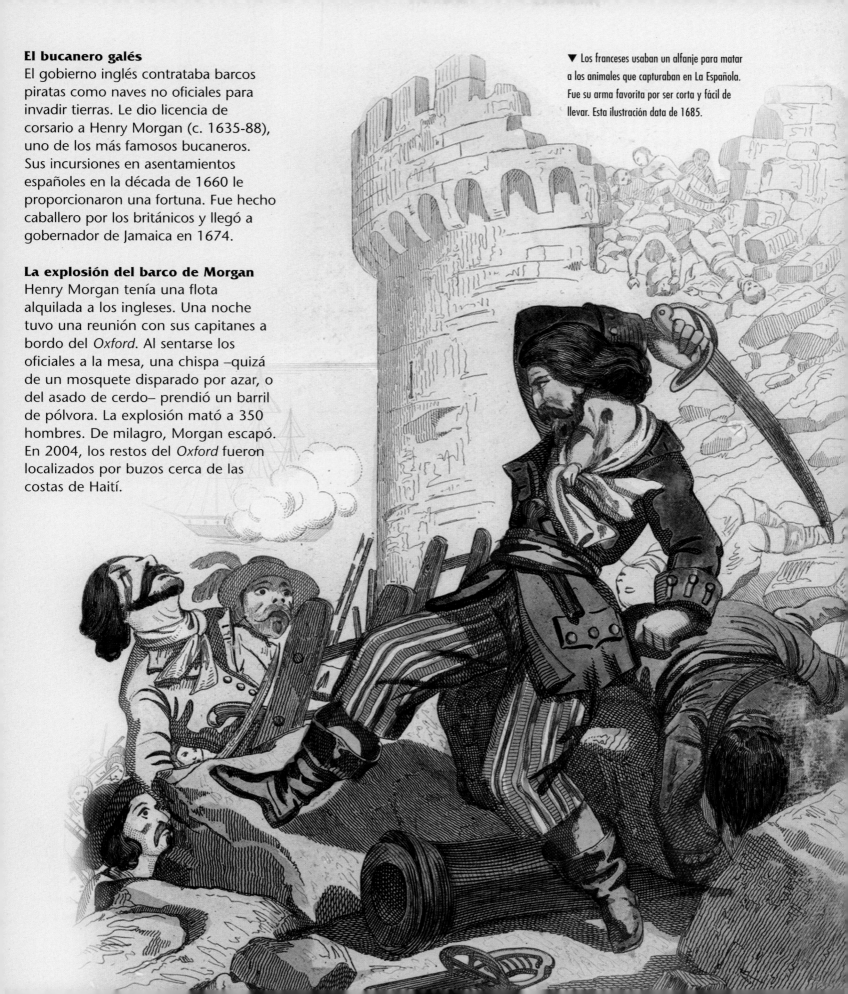

El bucanero galés

El gobierno inglés contrataba barcos piratas como naves no oficiales para invadir tierras. Le dio licencia de corsario a Henry Morgan (c. 1635-88), uno de los más famosos bucaneros. Sus incursiones en asentamientos españoles en la década de 1660 le proporcionaron una fortuna. Fue hecho caballero por los británicos y llegó a gobernador de Jamaica en 1674.

La explosión del barco de Morgan

Henry Morgan tenía una flota alquilada a los ingleses. Una noche tuvo una reunión con sus capitanes a bordo del *Oxford*. Al sentarse los oficiales a la mesa, una chispa –quizá de un mosquete disparado por azar, o del asado de cerdo– prendió un barril de pólvora. La explosión mató a 350 hombres. De milagro, Morgan escapó. En 2004, los restos del *Oxford* fueron localizados por buzos cerca de las costas de Haití.

▼ Los franceses usaban un alfanje para matar a los animales que capturaban en La Española. Fue su arma favorita por ser corta y fácil de llevar. Esta ilustración data de 1685.

La época de Barbanegra

Conforme Europa se fue pacificando a finales del siglo XVII y principios del XVIII, los corsarios del Caribe y de la costa atlántica de América perdieron el apoyo oficial pero siguieron siendo piratas porque era muy beneficioso. Algunos, como el memorable Barbinegra, seguían asaltando cargueros en el Caribe. Otros llenaban navíos de esclavos a lo largo de la costa occidental de África o navegaban al Océano Índico para atracar naves en las rutas comerciales de la India y el Lejano Oriente. El viaje de América al Océano Índico por África y de regreso se conocía como la *ruta pirata*.

▶ La ruta pirata para capturar buques de esclavos de la costa de Guinea en el oeste de África partía de América del Norte por el Atlántico. Doblaban el Cabo de Buena Esperanza para asaltar navíos en el Océano Índico, antes de volver a casa.

▼ Edward Low (m. en 1724) fue uno de los más crueles piratas de la época de Barbanegra. Se dice que le cortó los labios a un hombre y los guisó. Aquí, un secuaz de Low, igual de malvado, dispara a quemarropa a un prisionero.

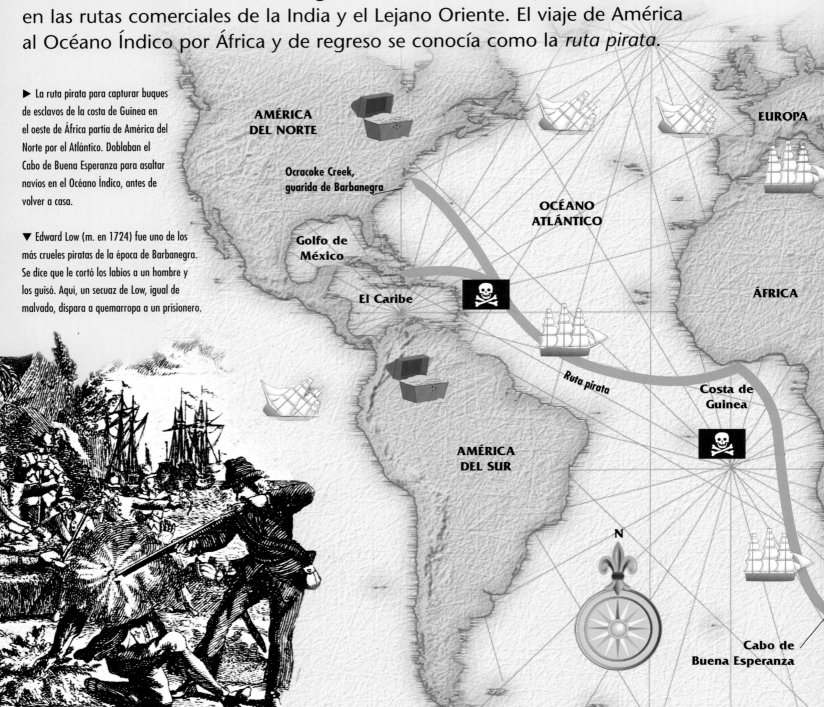

AMÉRICA DEL NORTE

Ocracoke Creek, guarida de Barbanegra

Golfo de México

El Caribe

OCÉANO ATLÁNTICO

EUROPA

ÁFRICA

Ruta pirata

Costa de Guinea

AMÉRICA DEL SUR

N

Cabo de Buena Esperanza

Barcos de la Edad de Oro

Para navegar en el océano, los piratas de la Edad de Oro preferían navíos de tres mástiles, con velas de barcos capturados. Para navegar por aguas poco profundas, los botes pequeños eran ideales, pues eran rápidos y maniobrables, de velas triangulares atadas a un bauprés, una pértiga larga de madera en la proa. Avistada la presa, los piratas podían llegar por la popa para evitar el cañón principal del enemigo, que apuntaba generalmente a los lados.

El infame Barbanegra

Barbanegra (m. en 1718) es el pirata más famoso de esta época, aunque sólo operó durante dos años. Era inglés, y se llamaba Edward Teach. Cruzó el Caribe y el Golfo de México en un navío francés de esclavos del que se apoderó, llevándose el botín a un escondite en Ocracoke Creek, en las costas de Carolina del Norte, EEUU, donde sobornó a las autoridades para que pasaran por alto sus actividades y poder así vender su botín a los lugareños.

Muerte de una leyenda

Barbanegra se sentía a salvo en la aguas poco profundas de Ocracoke. Pero a finales de 1718, el gobernador británico de Virginia, temiendo que los forajidos crecieran envió una expedición de la Armada Real a buscarlos. Al mando del almirante Robert Maynard, los británicos cogieron a la flota pirata por sorpresa, y Barbanegra murió en la sangrienta lucha que siguió. Colgaron su cabeza del bauprés de la corbeta de Maynard (ver pág. 32).

▼ Barbanegra aterrorizaba a sus enemigos cuando iba a luchar prendiendo mechas en su pelo que creaban una nube de asfixiante humo negro. Él y su tripulación solían beber un cóctel de ron y pólvora, y se dice que de vez en cuando mataba algún miembro de su tripulación, para demostrar quién mandaba.

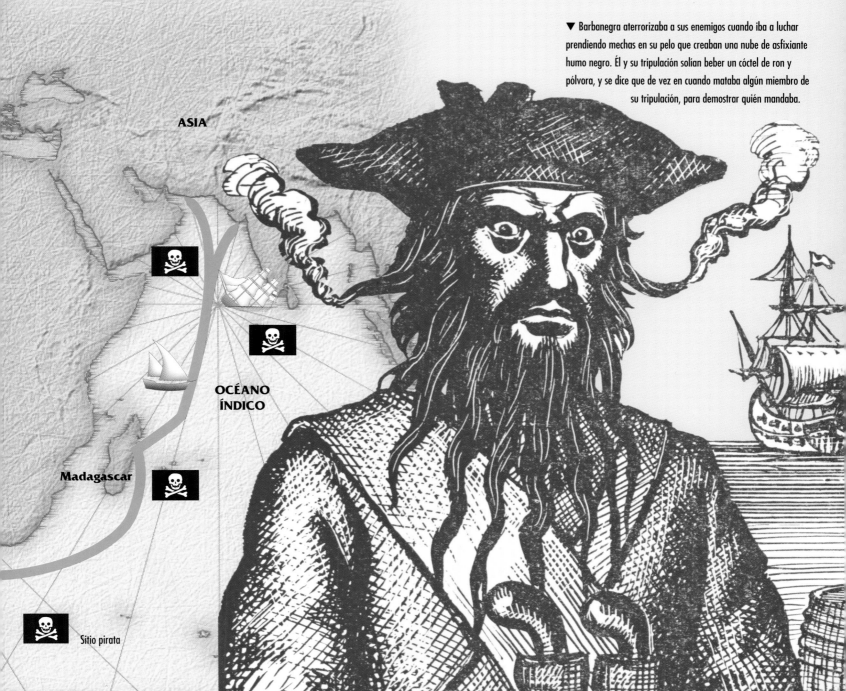

ASIA

OCÉANO ÍNDICO

Madagascar

Sitio pirata

Ataque pirata

Nada sobrecogía más el corazón de un marinero que ver a un grupo de piratas desesperados, armados hasta los dientes, abordando su embarcación. Los capitanes piratas empleaban diferentes tácticas para capturar con éxito un barco: sigilo, engaños, amenazas y, finalmente, la violencia, para obligar a su víctima a rendirse.

▲ Sorprendido el enemigo, los piratas escalan los costados de un galeón español para aplastar a la tripulación enemiga. Armados con espadas y pistolas, están preparados para morir por un rico botín.

Batallas sangrientas

A finales del siglo XVII y principios del XVIII, la vida del mar era peligrosa para los marineros, ya fueran piratas o no. Las condiciones eran duras, el mar resultaba peligroso y la esperanza de vida era corta. Los piratas se destacaban por no mostrar piedad hacia sus víctimas. En la lucha cuerpo a cuerpo eran brutales y sanguinarios y morían muchos de ambos bandos.

Tácticas de abordaje

Los piratas preferían asustar a las víctimas para que se rindieran, pero si tenían que abordar lanzaban rezones –garfios de metal atados a una larga cuerda– al aparejo de una nave para acercarla al barco pirata. Podrían lanzarse granadas de alquitrán para causar confusión, tanto para provocar incendios al aparejo y las velas como para crear una cortina de humo. Muchos marineros iban descalzos, por lo que les lanzaban trozos afilados de metal (abrojos) para herirles los pies. Una vez que los piratas pisaban la cubierta, atacaban con alfanjes, pistolas, mosquetes, hachas y dagas.

◄ Los piratas de las películas como el capitán Jack Sparrow de *Los piratas del Caribe*, suelen llevar gran cantidad de joyas. Esto era cierto: los piratas de la Edad de Oro solían vestir finamente y llevar las joyas robadas a los cautivos ricos. Les gustaba vestir como ricos aristócratas para alardear de sus triunfos.

► Esta escena representa la batalla en que murió Barbanegra (ver pág. 23) en 1718. Cañones y pistolas volvían más sangrienta la lucha. Una bala de cañón que diera en la cubierta de un barco podía lanzar mortales astillas por todas partes, y las pistolas giratorias sobre pivotes esparcían disparos en la cubierta enemiga.

Piratería o muerte

A las tripulaciones derrotadas, se les daba a elegir: unirse a los piratas o morir. No es de sorprender que muchos se hicieran piratas. De alguna manera, la vida del pirata era mejor que la de un marinero común. Los piratas estaban libres de la autoridad, tenían la oportunidad de ganar mucho dinero y se agarraban grandes borracheras en las islas del Caribe. Cuando capturaban a un oficial naval, los piratas investigaban cómo había tratado a sus hombres. Si había sido cruel, así se le trataba.

Jolly Roger

La Jolly Roger, la bandera de la calavera con las tibias, ondeando en lo alto del mástil de un barco, es el símbolo pirata más reconocido. Las banderas piratas ondeaban para advertir a las naves que los bandidos matarían a quien se les opusiera. El nombre se tomó del francés *jolie rouge* ("la roja bonita"), pues originalmente las banderas piratas eran de color rojo sangre.

▲ Cada capitán tenía su propia bandera, por lo general decorada con símbolos de muerte. La de Barbanegra era un esqueleto sujetando un reloj y una flecha apuntando a un corazón sangrante. Claro mensaje: "No tienes tiempo. ¡Ríndete o muere!"

Vida a bordo

La emoción de perseguir y apresar buques no se presentaba a diario a los piratas de la Edad de Oro. Entre breves rachas de lucha, los piratas tenían que vérselas con largos periodos de aburrimiento, tareas agotadoras para mantener el barco en condiciones, y una comida espantosa. Incluso cuando no había batallas, la vida del pirata era muy peligrosa, con un alto riesgo de morir a causa de accidentes o enfermedades.

▲ Los velas de un barco del siglo XVIII tenían que estar siempre en buen estado. En casi todos había un encargado de reparar las velas desgarradas. En el mar, a menudo las velas podían ajustarse desde cubierta, pero a veces los marineros debían trepar por las cuerdas para atarlas a los mástiles.

Comida y bebida

Galletas duras hechas con harina y agua formaban la mayor parte de muchas dietas marineras. A bordo, las galletas pronto eran invadidas por gorgojos. Antes de comerlas, los marineros las golpeaban para quitárselos. A veces llevaban gallinas en el barco, y la tripulación también capturaba peces y tortugas para comer. Para beber, llevaban agua y cerveza en barriles. Los marineros usaban el alcohol para encubrir el mal sabor del agua descompuesta.

Llagas del escorbuto

La comida fresca pronto se pudría a bordo, así que la conservaban ahumándola o salándola. En viajes largos, muchos marineros padecían escorbuto, enfermedad causada por falta de frutas y verduras. Les pudría los dientes y su piel se cubría de llagas. En 1753 se descubrió que comer cítricos ayudaba a evitar la enfermedad.

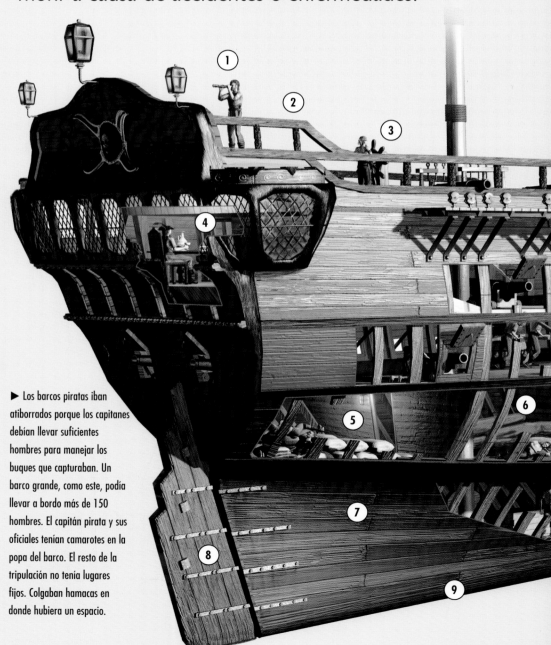

▶ Los barcos piratas iban atiborrados porque los capitanes debían llevar suficientes hombres para manejar los buques que capturaban. Un barco grande, como este, podía llevar a bordo más de 150 hombres. El capitán pirata y sus oficiales tenían camarotes en la popa del barco. El resto de la tripulación no tenía lugares fijos. Colgaban hamacas en donde hubiera un espacio.

Cirugía en el mar

Los barcos de la Edad de Oro estaban tan sucios que cualquier dolencia o herida leve podía costar la vida. La mayoría de las tripulaciones llevaban un cirujano, que a menudo no tenía preparación médica. El tratamiento habitual para un miembro herido era amputarlo, con el alcohol como único anestésico, que el paciente bebía para atenuar el dolor. Como no había antisépticos, las probabilidades de morir por una infección eran altas.

El código del pirata

Sorprende que bandas de asesinos como las tripulaciones piratas tuvieran códigos de conducta para evitar peleas entre los hombres. A menudo no se permitía el juego en los barcos, así como llevar mujeres a bordo. Algunas medidas eran muy avanzadas para su época. Por ejemplo, la tripulación podía votar en asuntos importantes. También tenían derecho a partes iguales del botín, y los heridos en acción solían recibir ayuda monetaria.

CLAVE

1. Marinero de guardia
2. Cubierta de popa
3. Timonel para guiar el barco
4. Camarote del capitán
5. Bodegas de alimentos
6. Bodega de velas
7. Casco
8. Timón
9. Quilla
10. Cañón
11. Mástil
12. Bote de remos
13. Remeros
14. Arsenal de balas de cañón
15. Barriles de agua y de cerveza
16. Azotes en el castillo de proa
17. Ancla
18. Bauprés

▲ En la marina, uno de los castigos más duros era ser azotado con el látigo de nueve colas. Las victimas llevaban cicatrices de por vida o morían. Muchos piratas habían pertenecido a la marina y estaban resentidos contra sus antiguos oficiales. Algunos quizá tenían cicatrices de azotes. Por ello no sorprende que los piratas pusieran el nombre de *Venganza* a los barcos que capturaban.

◄ Los remos de los barcos de vela se usaban cuando no había viento o cuando el barco entraba a puerto.

▶ Las ratas eran pasajeros indeseables de todo tipo de barcos de esta época. Causaban muchos daños al comer las reservas de alimentos y dañar el equipo. También transmitían enfermedades graves. En los viajes largos las ratas se reproducían, y acababan siendo miles a bordo, que ensuciaban las bodegas y roían las cuerdas y la madera.

Piratas en tierra

Los piratas no estaban todo el tiempo en el mar y les encantaba pasar ratos bulliciosos en tierra como recompensa por las fatigas de la vida a bordo. Los capitanes buscaban refugios que pudieran fortificarse contra el ataque de las autoridades, y donde su tripulación pudiera gastar dinero. En el Índico, el apenas poblado Madagascar era perfecto, pero el Caribe estaba lleno de notorias guaridas piratas, como Port Royal, en Jamaica, y la isla Tortuga.

▲ Como la vida en el mar era a menudo brutal y breve, muchos piratas creían que ahorrar para retirarse cómodamente era una pérdida de tiempo. Gastaban su dinero en tierra firme, a menudo perdiéndolo en el juego. Este mazo de cartas del siglo XIX fue confiscado de un barco pirata capturado por un oficial naval británico.

Ferocidad en tierra

En cuanto los piratas ponían el pie en tierra, buscaban resarcirse del aburrimiento y los peligros de la vida en el mar. Disponían de mucho dinero que derrochaban en bebida, juego y mujeres. Muchos piratas obtenían más riqueza que la que pudiera soñar un marinero común, pero se las arreglaban para malgastarla. A veces gastaban el equivalente, al día de hoy, de miles de euros en una sola noche. La embriaguez estaba muy difundida y la bebida favorita era el ron.

El sueño de Libertatia

Hay mucha información sobre piratas en el libro de Charles Johnson, *The History of Pyrates* (1724). Menciona al capitán Misson, que estableció la república pirata Libertatia en la isla de Madagascar. Se decía que era democrática; todos los piratas eran iguales y se compartían los botines. Muchos historiadores consideran que se trata de un mito, pero es cierto que algunos piratas vivieron en Madagascar, y que el código pirata era democrático.

Tesoro enterrado

Quizá el mayor mito pirata sea que en islas remotas se enterraron tesoros a los que se podía llegar más tarde con un mapa del tesoro. Hay muchas leyendas acerca de botines y rumores de oro enterrado, pero se ha hallado muy poco, así que es posible que esos cuentos hayan sido exagerados por quienes los contaron.

El botín de Kidd

Uno de los más famosos cuentos de tesoros es el del capitán William Kidd (ver pág. 33). Tenía licencia de las autoridades británicas para cazar piratas franceses en el océano Índico. Pero también atacaba buques británicos para aumentar sus ganancias. Navegó hacia la costa este de Estados Unidos y se dice que enterró un fabuloso tesoro en Long Island, al este de Nueva York. Nadie sabe la verdad de su botín, aunque muchos lo han buscado.

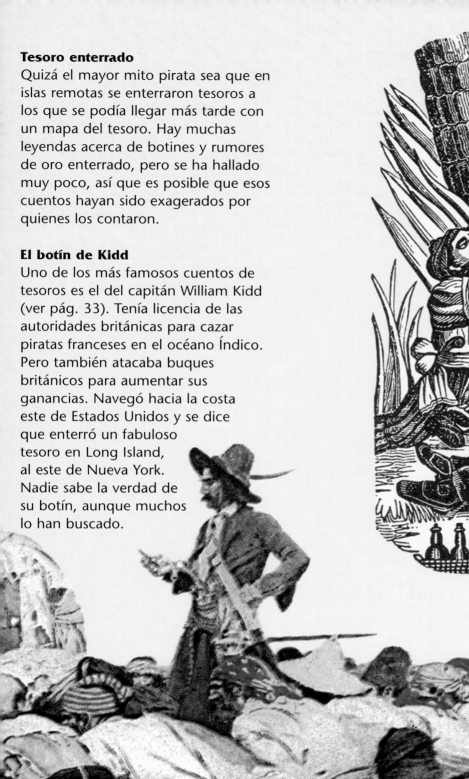

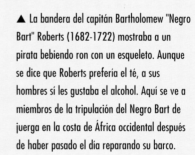

▲ La bandera del capitán Bartholomew "Negro Bart" Roberts (1682-1722) mostraba a un pirata bebiendo ron con un esqueleto. Aunque se dice que Roberts prefería el té, a sus hombres sí les gustaba el alcohol. Aquí se ve a miembros de la tripulación del Negro Bart de juerga en la costa de África occidental después de haber pasado el día reparando su barco.

◄ En esta pintura del estadounidense Howard Pyle (1853-1911), una banda de piratas se reparte el botín en una playa. La vida pirata era sorprendentemente democrática. Si un capitán no hacía suficientes ataques, la tripulación podía votar paro destituirlo.

Mujeres piratas

La vida de las europeas en la Edad de Oro consistía, por lo general, en obedecer a los hombres. Así que es de imaginar el escándalo al conocer las historias de mujeres piratas tan sanguinarias y en contra de la ley como los hombres. Los relatos acerca de las dos piratas más famosas de esa época, Mary Read y Anne Bonny, se volvieron leyendas. Es probable que muchas otras mujeres participaran en la vida pirata de una u otra forma, aunque nunca se llevó un registro de sus vidas.

▲ Sea cual sea la verdad acerca de los piratas, sabemos que el destino de las mujeres capturadas por ellos era terrible. El cine suele suavizar el tono de la verdad histórica sobre el trato. Los piratas europeos, por ejemplo, las torturaban y asesinaban.

◄ Mary Read aparece aquí como una feroz guerrera. Cierta vez se batió en duelo con un pirata que había insultado a uno de sus amantes. Se cuenta que la pirata atravesó con su alfanje el cuerpo de su oponente.

Mujeres a bordo

Sabemos que no se permitían mujeres en algunos barcos piratas, según el código, porque causaban peleas entre la tripulación. Pero llevar mujeres a bordo en esta época no era tan raro. A veces ellas navegaban en barcos normales como esposas o amantes, o como cocineras y nodrizas. Sabemos que en las bases piratas vivían mujeres y es muy posible que varias también navegaran en los barcos.

Read y Bonny

Mary Read (1690-1720) y Anne Bonny (n. c. 1700) navegaron por el Caribe junto al pirata "Calico" Jack Rackham (m. en 1720). Vestida de hombre, Mary Read era soldado británico cuando su barco fue capturado por Rackham, y se unió a su tripulación. Anne Bonny ya estaba a bordo, tras abandonar a su esposo marinero para ser amante de Rackham. Ambas vestían de hombre y luchaban junto a la tripulación. Sabemos de sus hazañas por el libro del capitán Johnson (ver pág. 28) y por los registros de su juicio.

▶ En el mar, Anne Bonny (dcha.) y Mary Read usaban ropa de hombre: chaqueta de marinero y pantalones de lona. Debieron de haber sido tan fuertes como sus colegas varones para cargar el alfanje, las pistolas y la pesada hacha de abordaje que se ven en este grabado.

▲ A la gente le fascinaba la idea de Mary Read y Anne Bonny. Formó parte de la historia pirata e inspiró muchas películas que muestran a una valerosa pirata que se mantenía firme en la lucha. Esta es una escena de la película *Anne of the Indies*, de 1951, basada en las hazañas de Anne Bonny.

Juicio y muerte

Tras obtener muchos botines, el barco de Rackham fue capturado por la marina británica. Solo Mary y Anne ofrecieron resistencia, pues los demás tripulantes estaban borrachos. Todos los capturados, incluyendo a Mary y Anne, fueron sentenciados a la horca. La ejecución de las mujeres, sin embargo, se pospuso, pues ambas estaban embarazadas. Mary Read murió de enfermedad en una prisión de Jamaica, pero se cuenta que Anne tuvo a su bebé, obtuvo el perdón y salió de la cárcel. Sigue siendo un misterio qué pasó con ella.

Castigos

En la Edad de Oro, los países europeos en guerra acostumbraban a contratar piratas contra sus enemigos. Pero al volver la paz en 1714, las naciones europeas intentaron acabar con la piratería porque afectaba a su creciente comercio con las colonias de ultramar. Los piratas eran celebridades que atraían grandes multitudes a sus juicios y ejecuciones. Para 1730, muchos de los piratas más famosos y sus tripulaciones habían muerto o estaban entre rejas. La Edad de Oro había terminado.

▲ En 1718, la cabeza del pirata más famoso de todos, Barbanegra (ver pág. 23) fue colgada del bauprés de una corbeta británica para que sirviera de ejemplo a otros.

Cazando criminales

Los gobernadores británicos de las colonias pedían protección contra los piratas a la marina. Woodes Rogers (1679-1732) fue un famoso *cazapiratas*. Antiguo corsario, llegó a gobernador de las Bahamas en 1717 y salió con una patrulla de la Real Armada para acabar con la piratería en un asentamiento llamado Nueva Providencia. Ofreció el perdón a los piratas que renunciaran a su modo de vida, pero cuando rompieron su promesa, volvió y los colgó a todos.

Baile en la cuerda

En Inglaterra, por lo general, se ahorcaba a los piratas durante la marea baja. Se dejaba el cadáver en el oleaje día y medio, antes de descolgarlo y enterrarlo. A los criminales más famosos se los cubría de alquitrán después de ejecutados, y se los colgaba de cadenas en una jaula de hierro para que se pudrieran y que todos lo vieran como advertencia. Se decía que la horca era un "baile en la cuerda" por los movimientos que hacían los ahorcados antes de morir.

▶ No solo las autoridades castigaban a los piratas. Un marinero que rompiera el código pirata no podía esperar piedad de su capitán. Por culpas graves, como escapar de una pelea, un pirata podía ser abandonado en una remota isla desierta, sin apenas comida ni agua dulce. Las probabilidades de rescate eran muy escasas.

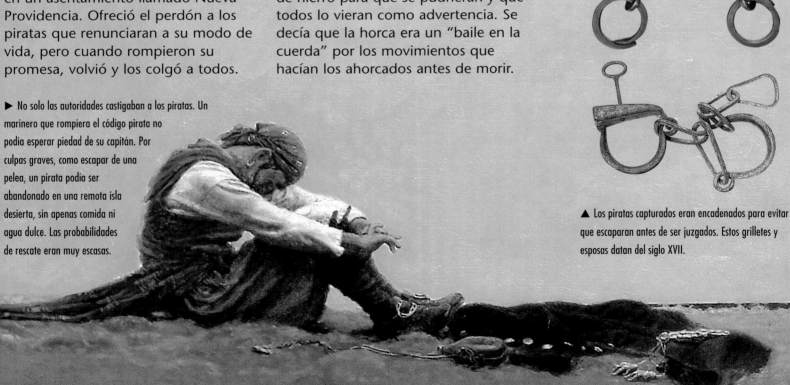

▲ Los piratas capturados eran encadenados para evitar que escaparan antes de ser juzgados. Estos grilletes y esposas datan del siglo XVII.

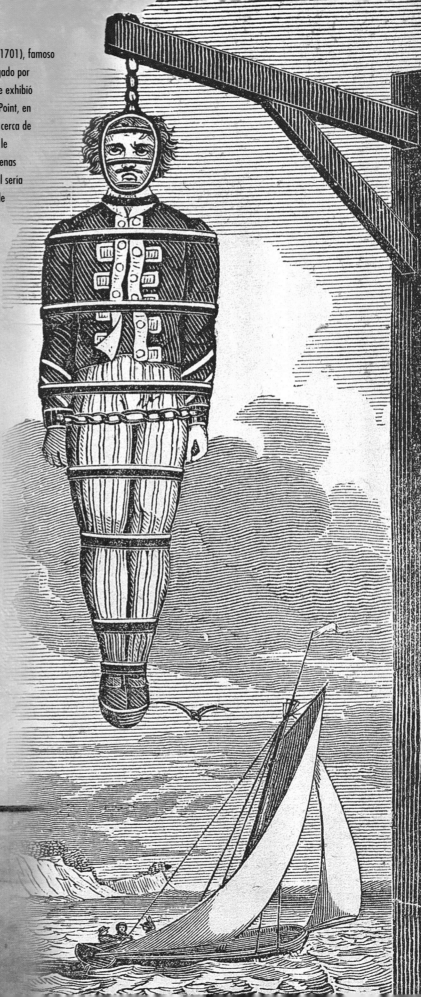

Estrangulamiento y esclavitud

Los franceses mandaban a los piratas a trabajar en sus colonias como esclavos. Los españoles usaban el garrote (estrangulamiento con cuerda) para ejecutarlos, pero a veces se informaba de horribles castigos, como en una ocasión, a principios del siglo XVII, que ataron a estacas a los piratas capturados, les cortaron las extremidades y untaron miel en los muñones. Luego dejaron que a los desdichados se los comieran vivos los insectos.

▶ El capitán William Kidd (1645-1701), famoso pirata escocés, fue capturado, juzgado por asesinato y ahorcado. Su cuerpo se exhibió en una jaula de hierro en Tilbury Point, en la ribera del estuario del Támesis, cerca de Londres, Inglaterra. Al condenado le tomaron las medidas para sus cadenas antes de la ejecución, así supo cuál sería su destino. El cadáver putrefacto de Kidd colgó durante años, como horripilante advertencia.

▲ A veces los piratas tenían que raspar las lapas y algas marinas que se pegaban al casco del barco y lo hacían ir más lento. El barco tenía que estar sobre la playa para hacer este trabajo. Era un momento peligroso para las tripulaciones piratas, así que mantenían en secreto esos lugares. No tenían escapatoria si los capturaba una patrulla naval con el barco fuera del agua.

Flotas piratas chinas

Desde el siglo XVII hasta el XIX, la piratería floreció en los mares de China. A lo largo de su amplio litoral, muchas islas y estuarios ocultos eran bases piratas. A diferencia de los piratas del Caribe, que actuaban por su cuenta, los chinos tenían flotas enormes y bien organizadas. Se valían de violentas amenazas para obtener dinero de asentamientos costeros y barcos mercantes. El negocio de la piratería era tan importante que sus jefes reinaban sobre grandes zonas, como mini-emperadores.

▼ El junco era el barco de múltiples usos para flotas mercantes y flotas piratas en los mares de China. Su diseño básico era sencillo, con tres mástiles y velas hechas de esteras de bambú. Muchos juncos piratas eran barcos mercantes que habían sido capturados y modificados. Llevaban cañones y colisas llamadas *lantaka*. Los juncos de mayor tamaño podían llevar hasta 200 tripulantes y eran más que dignos rivales para los barcos de la marina china.

▲ En 1849, una gran flota pirata al mando de Chui Apoo (m. en 1851) fue perseguida y destruida frente a las costas de China por cañoneros navales británicos. En el centro de esta pintura se ve un barco de la marina, con sus velas cuadradas, al estilo europeo.

Flotas criminales

A mediados del siglo XVII, un comandante pirata llamado Cheng Chih Lung erigió una flota de varios cientos de barcos que controlaban gran parte de la costa china. El emperador chino, reconociendo su poder, lo hizo almirante de la marina, ¡para cazar piratas! Más de un siglo después, Ching I (1784-1844), jefe pirata, comandaba a unos 30.000 tripulantes de la mayor flota pirata que haya navegado. Su flota estaba organizada en seis escuadrones, cada uno con su propia zona de operaciones. Era, en efecto, un ejército criminal flotante.

Negocio familiar

En China, la piratería era un negocio familiar. La mayoría de los capitanes piratas llevaban a bordo esposa y familia. Los comandantes piratas empleaban a miembros de la familia en sus negocios y era normal que los parientes heredaran una flota al morir un capitán. Cuando Cheng Chih Lung fue traicionado y asesinado por el emperador, su hijo, Kuo Hsing Yeh (1624-1662), se encargó de la flota. Expulsó a las fuerzas navales y construyó un imperio comercial.

Vapor para cazar piratas

El comercio del opio entre China y Europa era muy lucrativo y los británicos usaban su armada para protegerlo. El final llegó en 1849, cuando fuerzas unidas chinas y de la Real Armada combatieron al famoso Shap'ng-Tsai frente a la costa de Vietnam. Los buques de guerra británicos, de vapor, eran los mejores del mundo. Acorralaron y destruyeron la flota pirata. El Shap'ng-Tsai escapó pero fue el fin de esas flotas.

▲ Los piratas chinos solían luchar manejando con las dos manos una gran espada, pero los japoneses usaban una espada menor en cada mano. También llegaron a usar armas occidentales: este jefe pirata japonés sostiene un revólver.

▶ Las islas de Indonesia y las Filipinas proporcionaban refugio seguro a los piratas, igual que hoy (ver págs. 52-53). Las caletas y las islas de Borneo y Sumatra abrigaban feroces tribus piratas cazadoras de cabezas.

Piratas políticos

Aunque la Edad de Oro había terminado, tras la Independencia de Estados Unidos (1775-1783) y las Guerras Napoleónicas (1799-1815) surgió de nuevo la piratería, ahora por política. Las armadas estadounidense y francesa no podían vencer a la Real Armada Británica, así que contrataron corsarios para acosar a la flota mercante inglesa y desorganizar el comercio.

Corsarios para la independencia
En 1775, Al principio de la guerra entre Gran Bretaña y sus colonias norteamericanas, la marina de Estados Unidos apenas contaba con 30 barcos. Así que los norteamericanos contrataron a corsarios para atacar buques mercantes británicos. Operando desde puertos del Atlántico como Boston y Baltimore, arrasaron con el comercio británico en América, capturando cerca de 3.000 barcos. Durante un tiempo, hubo unos 500 corsarios atacando con regularidad a la flota mercante.

▲ Esta fotografía muestra al pirata Jean Lafitte, nacido en Haití, como un héroe romántico en la película *El Bucanero*, de 1938.

▼ La mayor hazaña de John Paul Jones fue la captura, en 1779, del *Serapis*, buque de guerra británico de 50 cañones, en el Mar del Norte. El barco de Jones, el *Bonhomme Richard*, era un barco mercante modificado. Dudoso del estado de su artillería, decidió combatir al *Serapis* desde muy cerca. La batalla fue tan tremenda que el mismo barco de Jones terminó por hundirse, pero no antes de que se rindiera el capitán del *Serapis*, que había sufrido muchos daños.

Azote de los británicos

El escocés John Paul Jones (1747-1792) era un pirata para los británicos y un héroe para los norteamericanos. Como oficial de marina, zarpó en 1778 hacia Europa para atacar barcos británicos. Francia apoyaba a los norteamericanos en su guerra de independencia, así que Jones operaba desde puertos franceses del Canal de la Mancha. Capturó buques mercantes y hasta llegó a la costa inglesa noroccidental; destruyó barcos en Whitehaven.

¿Pirata o héroe?

Jean Lafitte (c. 1780-c. 1825) actuó a ambos lados de la ley. A principios del siglo XIX vivía en el Golfo de Barataria, al sur de Nueva Orleáns, EEUU, dedicado al contrabando y el tráfico de esclavos. Su flota pirata fue vencida por una fuerza naval de EEUU en 1814, pero en 1815 lo perdonaron por ayudar a la ciudad de Nueva Orleáns a combatir un intento inglés de capturarla. Fue héroe nacional un tiempo; luego robó un barco y se fue rumbo a Texas a seguir viviendo como pirata.

Corsarios franceses

Durante las Guerras Napoleónicas, Gran Bretaña luchó contra Francia y bloqueó a la armada francesa es sus propios puertos. Francia contraatacó a los británicos con corsarios. Operaban desde puertos franceses del Canal de la Mancha como St. Malo y Dunkerque, refugios piratas durante siglos. Durante los primeros años de las guerras capturaron unos 2.000 mercantes británicos. Con estos ataques, los corsarios franceses se enriquecieron y fueron héroes nacionales.

◄ Robert Surcouf (1773-1827), aquí en la película *El Pirata del Mar*, fue uno de los más famosos corsarios franceses de las guerras napoleónicas. Atacó barcos británicos en el Océano Índico.

Contrabandistas

El contrabando en el Canal de la Mancha fue común durante los siglos XVIII y XIX. Para sufragar sus múltiples guerras en esa época, el gobierno británico exigía el pago de altos impuestos por los bienes de lujo importados del extranjero, como brandy y té. Los impuestos exigidos eran tan altos que el contrabando llegó a ser una gran industria. Las mercancías que entraban de contrabando se enviaban en secreto a lugares lejanos de la costa británica, para no pagar impuestos al gobierno.

Entregas nocturnas

Los barcos contrabandistas llegaban a la costa inglesa de noche. Los de tierra indicaban a los del barco si había cobradores en la costa. Los contrabandistas llevaban la carga a tierra y la banda la escondía. Los barcos contrabandistas eran ligeros y veloces, y sus velas les permitían moverse a favor o en contra del viento. Esto era vital si tenían que acercarse a la playa y salir rápidamente para evitar ser capturados. Los barcos estaban pintados de negro, con velas oscuras para camuflarse.

Carga secreta

Las mercancías más populares entre los contrabandistas eran brandy, ginebra, tabaco, té, y seda y encaje. Los ricos ingleses compraban esos artículos de lujo sin preguntar su origen, y los contrabandistas ganaban mucho. El brandy y la ginebra se llevaban en toneles que se ocultaban fácilmente en los barcos. El tabaco iba en paquetes pequeños envueltos. En caso de emergencia, se lanzaba el tabaco por la borda, al mar. Como los paquetes flotaban, otros miembros de la banda los recogían posteriormente desde botes de remos.

◀ En este dibujo, los contrabandistas son atacados por cobradores (de chaqueta azul). Los dos grupos libraron muchas batallas violentas.

COWAN'S
Nº 4 fine old
BELFAST
IrishWhisky
Nº4

Asesinos contrabandistas

Había pueblos enteros que hacían contrabando, pues se necesitaba mucha gente para descargar y esconder la mercancía. Y era más seguro, pues si la gente del lugar se beneficiaba, era probable que no los delataran. Algunas bandas de contrabandistas usaban amenazas para asegurarse el silencio. La banda más famosa fue la de Hawkhurst, que operaba en los pantanos de Romney, en el sureste de Inglaterra. Siete de sus jefes fueron ahorcados en 1749 tras haber torturado y matado a un oficial de aduana y a un zapatero: el oficial fue quemado vivo y al zapatero lo lanzaron a un pozo.

▲ En este anuncio de 1891, los contrabandistas llevan un barril de whisky de contrabando a una isla desierta. Aparecen como sinvergüenzas alegres e inofensivos, pero los contrabandistas eran a menudo criminales violentos y peligrosos.

▼ En la segunda mitad del siglo XVIII, los contrabandistas británicos capturados eran ahorcados solo si habían matado a alguien. En vez de ello, muchos eran desterrados, es decir, enviados a colonias británicas de ultramar, como Australia, para trabajar como esclavos. Mientras esperaban para zarpar, los prisioneros solían permanecer en cascos-prisión: barcos medio podridos y apestosos cerca de la costa. Esta pintura de 1828 muestra un casco-prisión en el puerto de Portsmouth, en la costa de Inglaterra.

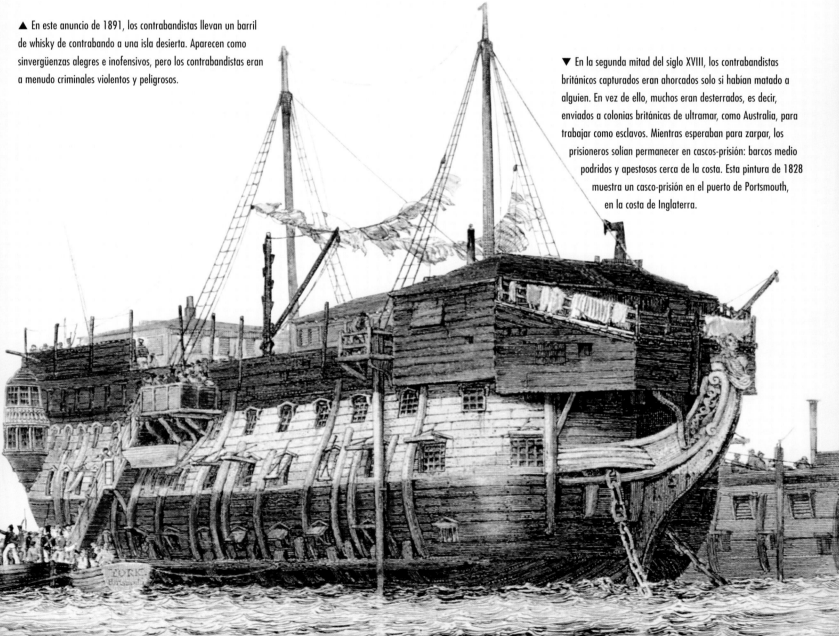

Verdades y mentiras

El Canal de la Mancha es lugar de leyendas de contrabando desde el siglo XVIII. En muchas, los contrabandistas engañan a las autoridades para evitar ser capturados. Desde siempre, los contrabandistas han alimentado la imaginación de escritores y cineastas. Se han elaborado mitos románticos acerca de túneles secretos, naufragios sanguinarios y aristocráticos genios del crimen.

▲ Los contrabandistas cruzaban el Canal de la Mancha con regularidad, con gran variedad de mercancías. El emperador francés Napoleón I (1769-1821) recibía oro de contrabando desde Inglaterra para financiar sus guerras.

Mercancías escondidas

Había trucos ingeniosos para ocultar el contrabando, El tabaco se tejía como cuerda y se apilaba en la cubierta. Brandy y ginebra se metían en compartimentos secretos en el fondo de toneles de agua. Cuando los cobradores de impuestos empezaron a verificar la profundidad de los toneles, se hicieron compartimentos laterales, para que la profundidad fuera normal.

A veces cavaban fosos en la cima de una playa para ocultar las mercancías antes de transportarlas. Tenían que hacerlos muy profundos, porque los cobradores metían largos palos en la arena para localizarlos. Los túneles para el contrabando eran raros, pero hay uno en Hayle, Cornualles, Inglaterra, que corre cientos de metros entre la costa y el pueblo.

▼ Según la leyenda, los pobladores de la costa de Cornualles robaban el cargamento de barcos naufragados, arrastrado por el mar. Hasta se decía que los tripulantes que habían sobrevivido eran asesinados, y sus bienes robados.

Criminales astutos

Los contrabandistas planeaban bien cómo desembarcar su carga. Si la costa no era segura, el barco contrabandista iba a algún otro punto de desembarco. Los contrabandistas hacían casas en la costa, con torres especiales o ventanas altas desde las cuales podía enviarse una señal luminosa. También iluminaban zonas rocosas donde encallaban los barcos.

Contrabandistas maestros

Los contrabandistas necesitaban apoyo financiero, porque la mercancía extranjera era cara. Sombríos personajes financiaban el comercio ilegal y ganaban fortunas, sobre todo en el sureste de Inglaterra, cerca de los mercados londinenses. Como el narcotráfico de hoy, rara vez los identificaban o llevaban ante la justicia. Los capturados y castigados eran los que hacían el trabajo sucio.

▶ Muchos cuentos de contrabando de Cornualles tratan de naufragios y pobladores que hacían naufragar barcos cerca de la costa. Encendían fogatas para hacer creer a los tripulantes de los barcos que estaban cerca del puerto, pero en realidad iban hacia rocas.

SUMARIO DEL CAPÍTULO 2: LA EDAD DE ORO

Cañón de la Edad de Oro.

Piratas, bandidos y políticos

La Edad de Oro de la piratería duró casi 40 años, de 1690 a 1730. Al pacificarse Europa a finales del siglo XVII, los reyes ya no necesitaron sus fuerzas de corsarios, pero los piratas siguieron atacando las naves de carga porque los beneficios eran muy altos, con lo que comenzaron a arruinar el comercio de los gobiernos a los que antes ayudaron, por lo que fueron perseguidos y castigados.

La piratería de la Edad de Oro creció con la política. Era una forma de evitar los pesados impuestos a las importaciones con que el gobierno pagaba sus guerras.

La leyenda de los piratas de la Edad de Oro

Los escritores volvieron héroes a los piratas de la Edad de Oro –personajes malos pero fascinantes. Basaban sus narraciones en informes de testigos que contaban las extraordinarias aventuras y vil crueldad de hombres como Barbanegra, Henry Morgan y William Kidd. No podemos decir si eran ciertas, pero sí se sabe que las interesantes historias de vidas y muertes de piratas se vendían bien e inspiraron muchas leyendas.

La verdad

En realidad, los piratas de los siglos XVII y XVIII eran criminales que asesinaron gente inocente en los mares y aterrorizaron comunidades en tierra. Los bandidos de la época también eran muy violentos, y amenazaban o torturaban para acallar a los testigos de sus crímenes.

Además, los bucaneros y piratas de la Edad de Oro iniciaron la trata de esclavos que forzó a millones de africanos a trabajar contra su voluntad en América. Pero no hay duda de que también tuvieron vidas extraordinarias que seguirán fascinándonos durante siglos.

Ve más allá...

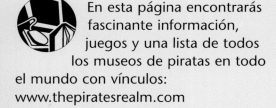

En esta página encontrarás fascinante información, juegos y una lista de todos los museos de piratas en todo el mundo con vínculos: www.thepiratesrealm.com

Lee *La Isla del Tesoro*, la clásica aventura de piratas, de Robert Louis Stevenson.

También puedes leer *Sandokán*, de Emile Salgari

Guionista
Escribe el guión de una película, y los diálogos de todos los actores así como las escenas.

Cronista
Lee y escribe acerca de la gente, lugares y sucesos del pasado.

Utilero
Crea trajes y artefactos históricos, por lo general para usarse en películas y programas de televisión.

Investigador
Estudia una materia determinada con el objeto de aumentar los conocimientos sobre la misma.

Visita el Museo Marítimo Nacional de Cornualles, Reino Unido:
Discovery Quay, Falmouth TR11 3QY, Reino Unido
Teléfono: +44 (0) 1326 313388
www.nmmc.co.uk

El Museo de los Piratas, Nueva Inglaterra, EEUU
274 Derby Street, Salem, EEUU
www.piratemuseum.com

El Museo Mel Fisher, 200 Greene Street, Key West, EEUU
www.melfisher.org

Los refugiados, como estos vietnamitas, a menudo son victimas de piratas y contrabandistas (ver págs. 50-51)

CAPÍTULO 3

Piratería y contrabando hoy

La piratería y el contrabando no sólo son delitos de tiempos pasados. Continúan existiendo en la actualidad y a menudo los organizan bandas criminales que operan en todo el mundo, como la Mafia y las Tríadas chinas.

La piratería crece cada año, sobre todo cerca de Nigeria y en zonas del sureste

rápidos, equipos de alta tecnología y armas. Atacan barcos mercantes robando a la tripulación y a veces todo su cargamento.

El contrabando es un gran negocio y un delito grave. Drogas, personas y flora y fauna han sustituido al alcohol y al tabaco como mercancía principal de esta actividad

Contrabandistas de licor

En la década de 1920, se prohibió el consumo de alcohol en EEUU, lo que hizo que aumentara el contrabando de alcohol por mar. Los cargamentos ilegales de ron y whisky desembarcaban a lo largo de las costas del Atlántico y del Pacífico de EEUU, y luego se llevaban a las grandes ciudades para venderse a escondidas. Era un negocio muy lucrativo que llamó la atención de gángsteres violentos como Al Capone.

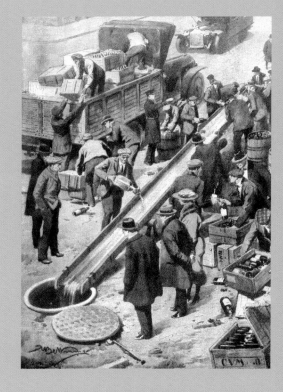

▲ Esta ilustración de una revista de 1921 muestra a las autoridades de EEUU echado alcohol de contrabando por el drenaje para deshacerse de él. La policía también hacía redadas en bares ilegales, los *speakeasies*.

El *rum row*

Flotas de barcos cargados de alcohol navegaban hacia EEUU y anclaban de manera legal fuera del límite territorial, a 5 km de la costa. A ellas se acercaban barcos más pequeños que cargaban e iban de contrabando a la costa. Era una hilera de hasta 14 grandes barcos anclados en el mar, conocida como *rum row*. Al principio se hacían fiestas bulliciosas en los barcos del *rum row*. La gente llegaba a vela o remando desde la costa para pasar una noche de borrachera y conseguir algo de contrabando. Después el límite territorial se aumentó a 19 km de la costa, y el contrabando de licor se volvió mucho más difícil.

Aparecen los gángsteres

La *Prohibición* no era popular y muchos estaban dispuestos a comprar alcohol de manera clandestina, por lo que los contrabandistas ganaban mucho dinero. Al principio eran unos cuantos marineros y pescadores, pero luego surgieron los grupos de gángsteres, que sacaron del negocio a los barqueros comunes con violentas amenazas y asesinatos. El contrabando de licor se volvió una cacería mortal entre guardacostas y gángsteres.

◀ Estos torpedos, llenos de alcohol, fueron confiscados a una goleta (embarcación pequeña y rápida) de *rum row*. Estaban diseñados para dispararse desde la goleta, recogerse y luego llevarse a la costa en barcos más pequeños. Durante la Prohibición hubo mucho contrabando de licor.

Trucos

Los barcos de licor solían tener fondos falsos para esconder alcohol. En los barcos pesqueros, una capa de pescado cubría la carga verdadera, y hubo un contrabandista que diseñó un vehículo que cargaba de alcohol y remolcaba con su barco como si fuera equipo de pesca. Los gángsteres construían barcos rápidos, blindados, con potentes motores amortiguados para que hicieran el menor ruido posible. A veces tenían aparatos que disparaban humo graso al guardacostas.

► El famoso gángster Al Capone (1899-1947), de EEUU, participaba en el contrabando de licor. Era un "mafioso", el jefe de un violento grupo del crimen organizado con multitud de negocios ilegales. Los mafiosos ganaban mucho dinero con el contrabando de alcohol. La Prohibición acabó en 1933 para evitar tantas infracciones a la ley.

▼ Los agentes de la ley revisan cajas de whisky confiscadas a bordo de un guardacostas. Perseguían a los barcos en noches de niebla, cuando los contrabandistas trataban de desembarcar sin ser vistos.

El contrabando de hoy

El contrabando por mar se sigue haciendo en todo el mundo. Los contrabandistas ganan mucho dinero al no pagar impuestos sobre mercancías importadas, al transportar mercancía ilegal, como drogas, y al hacer pasar a gente de un país a otro. Lo hacen grupos violentos armados, igual que hace siglos.

▲ En 2001, la policía portuaria británica halló heroína oculta en almendras. La droga, por valor de cuatro millones de libras esterlinas, había sido enviada desde Sri Lanka.

Cargamentos de muerte

Se sigue haciendo contrabando de tabaco y alcohol por mar para evitar impuestos de importación a los gobiernos, como hace siglos. Hoy, sin embargo, se gana más traficando con drogas y armas. Yates de aspecto inocente ocultan cargamentos de cocaína o heroína que se venderán muy caros en las calles de las ciudades. Las armas se pasan de manera ilegal a las zonas en guerra, o para los grupo criminales.

Contrabandistas veloces

Hoy en día, los contrabandistas usan lanchas rápidas para llevar la carga a la costa. Por lo general, son de varios motores, para alcanzar la máxima velocidad en una persecución. Como las lanchas no tienen accesorios metálicos, el radar no las detecta, excepto desde muy cerca o en mar calmado. La mejor manera de que los guardacostas las detecten es por aire, desde un helicóptero.

Puntos clave del contrabando

Los mayores productores de droga están en América del Sur y Asia, pero los mercados más importantes están en América del Norte y Europa (ver mapa, abajo). Llevar las drogas de un país a otro implica pasarlas por las fronteras sin que sean detectadas, a menudo por puertos o marinas de yates. El Golfo de México es un punto clave, como en la época de Jean Lafitte (ver pág. 37). Drogas y armas van por mar desde América Central y por el Golfo hasta lugares aislados de la costa meridional de EEUU.

Un delito violento

El contrabando moderno a menudo conlleva violencia. Los criminales se traicionan unos a otros, se valen de amenazas para que la gente no los delate, y van armados para impedir su captura. Los castigos pro el contrabando de droga son altos. En algunos países, se castiga con pena de muerte.

PRINCIPALES RUTAS DE CONTRABANDO MUNDIAL

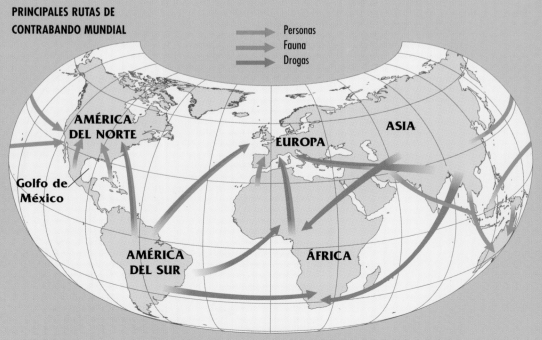

Personas
Fauna
Drogas

AMÉRICA DEL NORTE

EUROPA

ASIA

Golfo de México

AMÉRICA DEL SUR

ÁFRICA

▶ Los oficiales de aduanas usan RHI (lanchas rápidas inflables, de casco rígido) para perseguir a los barcos de los traficantes de droga. Las ligeras RHI pueden alcanzar una velocidad máxima de hasta 90 km/h. Llevan radar y, en algunos países, varios tipos de armas.

Tráfico de fauna silvestre

La fauna silvestre es la tercera mercancía que más ganancias aporta, después de drogas y armas. El *Worldwide Fund for Nature* calcula que las bandas podrían estar ganando la asombrosa cifra de 20.000 millones de dólares al año por llevar de contrabando animales vivos y plantas exóticas a coleccionistas sin escrúpulos. Los criminales no se preocupan de provocar la extinción de especies, ni de que estas sufran terriblemente durante el traslado.

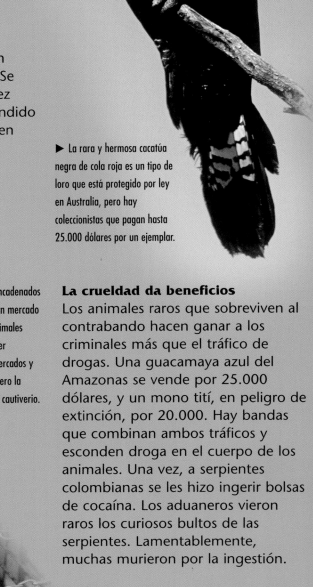

▶ La rara y hermosa cacatúa negra de cola roja es un tipo de loro que está protegido por ley en Australia, pero hay coleccionistas que pagan hasta 25.000 dólares por un ejemplar.

Contrabando en América del Sur

Hasta 11 millones de animales se sacan cada año de América del Sur, sobre todo a EEUU, donde se venden ilegalmente a coleccionistas por Internet o intermediarios corruptos. Muchos animales en peligro, como loros, monos y serpientes, se ven amenazados por los traficantes. Se calcula que solo uno de cada diez animales capturados para ser vendido sobrevive al viaje y se convierte en una exótica mascota.

◀ Estos macacos encadenados serán vendidos en un mercado asiático. Algunos animales capturados logran ser rescatados en los mercados y vueltos a la selva, pero la mayoría mueren en cautiverio.

La crueldad da beneficios

Los animales raros que sobreviven al contrabando hacen ganar a los criminales más que el tráfico de drogas. Una guacamaya azul del Amazonas se vende por 25.000 dólares, y un mono tití, en peligro de extinción, por 20.000. Hay bandas que combinan ambos tráficos y esconden droga en el cuerpo de los animales. Una vez, a serpientes colombianas se les hizo ingerir bolsas de cocaína. Los aduaneros vieron raros los curiosos bultos de las serpientes. Lamentablemente, muchas murieron por la ingestión.

Lucha contra los traficantes

Los animales salen por mar de puertos muy activos donde las autoridades no pueden inspeccionar todas las cargas. La policía vigila a los contrabandistas hablando con contactos locales y registrando mercados callejeros donde se venden animales capturados ilegalmente. También investigan a vendedores de mascotas y páginas web para descubrir a los compradores de animales.

De orquídeas a marfil

Los contrabandistas modernos venden todo tipo de mercancía. Las orquídeas exóticas son arrancadas y sacadas de Nueva Zelanda y Perú. El carísimo caviar se saca de Rusia. Los tigres se matan ilegalmente y partes de su cuerpo se venden en Asia como ingrediente de remedios tradicionales. Se matan elefantes por el marfil de sus colmillos y rinocerontes para hacer supuestas medicinas.

▶ Los coleccionistas han apreciado las orquídeas por su exótica belleza desde el siglo XIX. Hay más de 25.000 tipos diferentes de orquídeas. Esta es del tipo chapín de Venus, uno de los más preciados.

◀ Los reptiles y los insectos hacen ganar mucho dinero a los traficantes. Los camaleones, como este camaleón pantera de Madagascar, se capturan ilegalmente y se venden como mascotas.

Tráfico de personas

El contrabando de personas está creciendo en todo el mundo. Bandas criminales organizadas hacen pasar de contrabando a muchísimas personas a través de las fronteras, por barco, camión o avión. Ganan mucho dinero con lo que cobran por el peligroso viaje, y también amenazando o chantajeando a sus *clientes*.

Por qué paga la gente

En algunos países, muchos pobres están dispuestos a pagar todo lo que tienen a bandas criminales que los harán cruzar la frontera. Su destino son naciones más ricas, como Gran Bretaña, Australia y EEUU, donde podrán empezar una nueva vida. Quieren trabajar en un país con salarios mayores, o escapar de la violencia, la guerra o la opresión política de su propia tierra.

Amenazas y chantaje

Después de llegar ilegalmente a un país, los emigrantes suelen ser amenazados por los traficantes y obligados a trabajar para los criminales, cediendo lo que ganen y participando en delitos. Si se niegan, los pueden matar, o amenazan a los familiares que se quedaron en su país. Quien ha cruzado ilegalmente está en una trampa, pues no puede acudir a la policía y decir lo que le pasa.

Viaje peligroso

Los emigrantes ilegales realizan un viaje azaroso. Los traficantes apiñan a cientos de personas en sucias e inseguras embarcaciones, sin alimento suficiente. La tripulación puede ser violenta y a veces lanza a los enfermos al mar. En algunas zonas de Asia suroriental hay piratas asesinos que atacan a los barcos contrabandistas.

▲ A fines de la década de 1990, la guerra de la región balcánica de Europa hizo que miles de refugiados fueran a otros países europeos. Los de la foto huyen de Kosovo a Albania. Las guerras fomentan el tráfico de personas: los refugiados buscan una vida mejor.

▼ Una lancha guardacostas de EEUU intercepta a un barco atestado de emigrantes ilegales de Haití, país caribeño. La mayoría habían pagado a los criminales, esperando tener una nueva vida en EEUU.

Lo arriesgan todo

El Estrecho de Gibraltar es uno de los puntos de tráfico de personas. Este estrecho de 13 km entre Marruecos y España separa África de Europa. Los emigrantes se apretujan en barcos pequeños y atiborrados para hacer la travesía. Si caen por la borda, se ahogan en las peligrosas y rápidas corrientes. Otra ruta de tráfico activa va de China a Europa. Los emigrantes pagan a bandas chinas para que los lleven en camiones o contenedores de barcos en largas, y a veces mortales, travesías.

▶ Emigrante ilegal detenido por la policía en Tarifa, población de la costa sur de España frente a Marruecos. Con regularidad llegan emigrantes en barco, a menudo llevados por bandas criminales a través del Estrecho de Gibraltar.

Los piratas de hoy

La piratería no desapareció con Barbanegra. Hoy es un delito en aumento, cada vez mejor organizado y más violento. Piratas armados atacan barcos mercantes y yates en lanchas rápidas, aterrorizan a los tripulantes o los asesinan y roban lo que pueden. La piratería es un problema grave en Indonesia, Bangla Desh, Vietnam, la India, Nigeria y puertos y ríos de Brasil.

▼ Estos piratas filipinos armados con rifles usan una barca de fondo plano que se desplaza con rapidez y es muy útil en aguas poco profundas. En 2003 se informó de que 20 marineros habían sido asesinados por piratas en todo el mundo. Es probable que haya habido más muertes que no han llegado a conocerse.

◄ Pueblos costeros aislados, en lugares como Filipinas, a veces albergan a bandas piratas que amenazan a los barcos que pasan.

Aguas peligrosas

Se dice que el Estrecho de Malaca –estrecha franja de agua entre Indonesia, Singapur y Malasia– es la ruta más peligrosa. Aquí obtienen buenas ganancias las bandas de piratas que se ocultan entre las muchas islas. Más de un cuarto de la carga del mundo pasa por el Estrecho cada año, incluyendo barcos petroleros. Estos y otros barcos grandes tienen pocos tripulantes, que son fácilmente vencidos por gran número de pistoleros armados.

Rápido ataque

Los piratas modernos suelen ocultarse en calas e islas. Salen a toda velocidad a sorprender a su presa, con máscaras y rifles automáticos. Pueden robar a pescadores locales o yates, o atacar barcos mercantes más grandes. A veces se apoderan de un barco y piden rescate para que la tripulación regrese a salvo.

▲ Los puertos grandes son un foco de contrabando y piratería. Los puertos de Brasil, como el de Santos (arriba) son de los más peligrosos, junto con los de Indonesia y Bangla Desh. Cada mes, mercados ilegales y carga robada por millones de dólares se trafican en esos puertos, con la ayuda de oficiales corruptos.

Piratería y corrupción

Refinadas bandas usan métodos de alta tecnología para asaltar barcos mercantes en el Estrecho de Malaca. Planean ataques a una carga específica usando información dada por empleados sin escrúpulos de compañías navieras. Interceptan correos y llamadas telefónicas para conocer carga, tripulación y ruta del barco. Oficiales gubernamentales corruptos ayudan a las bandas a ocultar sus delitos y vender la carga robada.

Asalto en el Amazonas

En 2001 se habló de la piratería fluvial cuando Sir Peter Blake (1948-2001), propietario de yates, fue asesinado por bandidos que atacaron su barco en el río Amazonas, en Brasil.

Captura de los criminales

Los guardacostas y la policía portuaria están en primera línea para hacer cumplir la ley al intentar capturar contrabandistas en puertos y alta mar. Para esta peligrosa labor usan lanchas y aviones de vigilancia. Como media, los guardacostas de EEUU registran unas 140 naves y decomisan droga por valor de 10,8 millones de dólares al día.

▲ Drogas por valor de millones de dólares se llevan a EEUU cada año. Muchas de esas drogas ilegales van ocultas en barcos y llegan a los puertos del país. La policía portuaria debe estar alerta a cargas sospechosas todo el tiempo. En este arresto por drogas en Miami, en 2003, la policía halló un enorme cargamento.

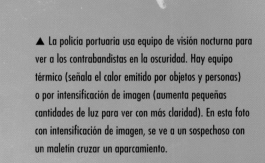

▲ La policía portuaria usa equipo de visión nocturna para ver a los contrabandistas en la oscuridad. Hay equipo térmico (señala el calor emitido por objetos y personas) o por intensificación de imagen (aumenta pequeñas cantidades de luz para ver con más claridad). En esta foto con intensificación de imagen, se ve a un sospechoso con un maletín cruzar un aparcamiento.

Trabajo peligroso

La vigilancia de los guardacostas es peligrosa. Antes, los contrabandistas luchaban con los oficiales y a veces los asesinaban. Hoy, el peligro sigue existiendo, y los guardacostas están entrenados para tratar con criminales armados que ofrecen resistencia. Un buen trabajo policial depende de la información. Esta puede obtenerse de policía secreta que averigua datos de las bandas criminales y embarcaciones ilegales.

Registro de los puertos

Si los aduaneros sospechan que un barco anclado lleva contrabando, lo revisarán con un equipo muy variado: perros entrenados para buscar drogas o detectores de radiación y de explosivos. Para buscar emigrantes usan aparatos que muestran el nivel de bióxido de carbono de los contenedores. Si el nivel es alto, podría indicar que hay personas dentro.

Lanchas aduaneras

Los guardacostas usan lanchas de unos 20 m de largo para patrullar las costas. A bordo suelen llevar una lancha menor, como una RHI (ver pág. 47), que se usa para acercarse y abordar las naves que quieren registrar. Las lanchas suelen ir equipadas con poderosos ordenadores para rastreo y navegación, y con un radar de superficie y otros aparatos de alta tecnología, para localizar buques.

La policía al rescate

Además de tener lanchas rápidas, la policía guardacostas usa aviones y helicópteros de vigilancia para hallar barcos en el mar. Las naves pequeñas llenas de emigrantes ilegales se ven mejor desde el aire. Suelen ser poco seguras e ir peligrosamente llenas. La única oportunidad de que los emigrantes sobrevivan es que un avión guardacostas detecte su barco y prepare un rescate.

▲ Los guardacostas llaman a helicópteros de rescate si un barco con emigrantes ilegales está en problemas; también tienen sus propios helicópteros localizadores. En algunos países van a bordo oficiales armados, preparados para disparar a los motores de los barcos sospechosos.

▼ Los perros entrenados detectan drogas con mucha más facilidad que las personas. Algunos tienen un doble entrenamiento: detectan personas ocultas y drogas. En esta foto, el rostro de la entrenadora del perro aparece borroso para proteger su identidad.

Cazadores de naufragios

Los arqueólogos submarinos estudian pecios (barcos naufragados) en busca de pistas sobre la gente que iba a bordo. Algunos pecios también contienen tesoros valiosos que se venden en subastas y por ello muchos cazadores de tesoros submarinos se dedican a cazar naufragios. En años recientes, al volverse más sofisticada la tecnología submarina, se han hecho hallazgos apasionantes de barcos hundidos.

Localización de barcos hundidos

No es fácil hallar barcos hundidos. Los investigadores pasan muchas horas en bibliotecas y archivos, donde se guardan documentos y registros antiguos. Leen cartas históricas, diarios y mapas para detectar claves que apunten al lugar donde se hundió algún barco. Sin embargo, un pecio puede estar enterrado, o partido y esparcido en pedazos en una amplia zona. Para rastrear la ubicación exacta, los *cazanaufragios* usan equipos especiales de reconocimiento. Por ejemplo, puede cartografiarse el fondo marino con magnetómetros, que detectan formas en el lecho marino.

▲ Un libro de bitácora (imagen del fondo de esta página) puede ser de gran ayuda para los cazadores de naufragios. Este data del año 1790.

▼ Estos buzos están trabajando en las aguas costeras de las Bahamas, en el Caribe. Están usando un globo lleno de aire para subir a la superficie un pesado cañón de hierro encontrado en el barco español *Nuestra Señora de las Maravillas*, del siglo XVII.

▶ En cuanto se detectan los restos de un barco, los buzos empiezan el laborioso trabajo de medir, cartografiar, hacer dibujos y tomar fotografías del pecio.

Protección del pecio

Quienes descubren un naufragio suelen tener derechos de salvamento: pueden reclamar lo que encontraron. Pero los cazadores ilegales suelen llegar a apoderarse de los tesoros de un sitio y, al hacerlo, dañar pruebas históricas de valor. Por eso, los cazadores de naufragios tratan de conservar en secreto los lugares.

Hallazgo de objetos

Al principio se hace una inspección del sitio. Se anota dónde se hallaron los objetos, pues podría ayudar a los arqueólogos a decidir cómo se usaban y quién era el dueño. Los buzos usan detectores de metal, sondas y las manos para buscar más cosas. Suelen quitar barro y arena con mangueras que aspiran la tierra.

Los objetos se llevan a la superficie con cuidado. Los que se llevan desde el lecho marino se pudren con el aire. Deben seguir estando húmedos para que no se desmoronen.

◀ Estos arqueólogos submarinos están examinando un tesoro formado por monedas españolas que acaban de recuperar del pecio del barco pirata *Whydah*, frente a las costas de Cape Cod, EEUU.

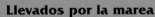
▶ Si el pecio está en aguas muy profundas, los buzos no pueden bajar hasta él a nado. Por ello se envían sumergibles para explorar los restos. Un famoso ejemplo es el *Titanic*, hundido en el Atlántico en 1912. Yace a unos 4 km de profundidad y solo unos cuantos sumergibles pueden llegar hasta él. Este es el sumergible ruso *Mir I*, emergiendo.

▲ Este zapato se recuperó del barco pirata *Whydah*, cuyo capitán era Samuel "el Negro Sam" Bellamy (m. en 1717). Los buzos también hallaron un hueso de pierna en una media de seda.

Conservación paciente

El trabajo de conservación y restauración de los objetos hallados implica muchos años y mucha dedicación. La madera debe lavarse una y otra vez para quitarle el agua salada. Luego se sumerge en sustancias químicas para que no se siga pudriendo y se le quitan las lapas. Los objetos metálicos se corroen en el agua, pero en tierra esto puede detenerse poniendo el objeto en agua y pasando por él una corriente eléctrica.

Ropa elegante

El primer pecio pirata que se encontró y exploró fue el *Whydah*, que se hundió frente a la costa de EEUU durante una tremenda tormenta en 1717. Entre los objetos hallados hay miles de monedas, así como artículos personales que dicen mucho acerca de los piratas que vivían a bordo. Hebillas de cinturón, botones y alhajas indican que a los tripulantes les gustaba vestir bien.

Llevados por la marea

Desde que se descubrió el pecio del *Whydah* en 1984 se han hallado más barcos piratas. Los cazadores de naufragios ubicaron frente a la costa de EEUU barcos que fueron del capitán Morgan y de Barbanegra. En 1996, un pecio que se cree que era un barco pirata de Berbería fue descubierto después de que algunas monedas árabes fueran arrastradas por el agua a una playa de la Bahía de Salcombe, al sur de Inglaterra. Quizá los piratas iban a atacar la costa para capturar esclavos.

◀ Este tesoro, ahora en el Museo Británico, en Londres, fue recobrado por buzos en el lecho marino de la Bahía de Salcombe. En total, la colección consta de más de 400 monedas de oro, pedazos rotos de joyas de oro, cascos de cerámica y el sello de un mercader. Nadie sabe la identidad del barco que llevaba el tesoro, pero puede haberse sacado de un buque pirata de Berbería.

De local a internacional

Antes el tráfico lo hacían bandas locales para evadir los impuestos gubernamentales. En cambio, los bandidos de hoy son criminales muy bien organizados con contactos en todo el mundo. Las agencias para el cumplimiento de la ley también trabajan a escala internacional, cooperando para tratar de detener el daño que esos crímenes causan. El tráfico de personas, drogas y fauna salvaje implica crueldad y miseria en mayor dimensión que nunca.

Hoy los piratas pueden ser pescadores que elevan sus ingresos robando artículos valiosos, o bandas criminales tratando de obtener grandes ganancias en poco tiempo.

Crimen a la alta tecnología

Los piratas y traficantes de hoy cuentan con equipos de alta tecnología, como anteojos para visión nocturna y sistemas de navegación por satélite. Utilizan armas modernas y botes de alta velocidad. Las autoridades también deben contar con equipo similar para capturar a los criminales. Los gobiernos invierten mucho dinero en guardacostas y patrullas.

Descubrimientos de alta tecnología

Los arqueólogos submarinos están usando equipo de alta tecnología desarrollado para hacer descubrimientos impactantes. Dan vida a relatos de naufragios, sacando a la superficie objetos perdidos durante siglos en el lecho marino. Sus fascinantes hallazgos nos dicen mucho sobre las admirables y en ocasiones brutales vidas de piratas y traficantes del pasado.

Pequeño submarino usado por traficantes colombianos hacia 1990

Ve más allá...

 Si quieres tener una lista de todos los barcos reconstruidos o restaurados que puedes visitar en el mundo, ve a:
www.ils.unc.edu/maritime/ships.shtml

Verás más especies, animales y vegetales, en peligro de extinción en la Lista Roja de la página web:
www.redlist.org

 Guardacostas
Controla los movimientos de los barcos, y se puede involucrar en rescates.

Oficial de aduana
Combate el tráfico ilegal investigando personas, vehículos y cargamentos en puertos y aeropuertos.

Buzo
Se especializa en buceo para trabajar en naufragios históricos.

Tripulante de bote salvavidas
Voluntario que va en ayuda de barcos en problemas en el mar.

Oceanógrafo
Estudia los océanos del mundo, fauna y lecho marino.

 Verás objetos del pecio del *Whydah* en el *Expedition* Whydah *Sea Lab and Learning Centre*: Macmillan Wharf, Provincetown, EEUU
www.whydah.com

Para descubrir las direcciones de tu museo marítimo más cercano, visita:
www.maritimemuseums.net

Visita el Museo Británico y verás monedas, joyas y cerámicas recuperadas en la bahía de Salcombe:

Great Russell Street,
Londres WC1B 3DG, RU
Teléfono: +44 (0) 20 7323 8000
www.thebritishmuseum.ac.uk

Glosario

◀ ▶ Dos barcos en una pelea de cerca en la película *Cutthroat Island*, de 1995.

a popa Hacia la parte trasera (popa) de un barco.

a proa Hacia la parte delantera (proa) de un barco.

alfanje Espada corta de hoja ancha.

Antillas Zona de colonias españolas del Caribe, América Central y las costas de América del Sur.

antiséptico Sustancia que mata gérmenes y evita infecciones.

aparejo Red de cuerdas que ayudan a sujetar los mástiles de un barco y permiten controlar las velas.

balandra Barco pequeño y veloz con un mástil y una vela triangular.

bárbaro Persona violenta y no civilizada.

barco mercante Barco que lleva mercancía para vender.

bauprés Mástil largo que sobresale del frente de un velero.

botín Objetos robados por los piratas.

bucanero Pirata que atacaba barcos españoles en América en el siglo XVII.

Caballeros de San Juan Orden de caballeros cristianos formada a principios del siglo XII.

carenadura Eliminación de las lapas del casco de un barco.

cargamento Mercancías transportadas por un barco.

casco Parte exterior de un barco.

casco-prisión Barco viejo usado como prisión.

castillo de popa Cubierta en lo alto de la parte de atrás del barco.

castillo de proa Cubierta en lo alto del frente del barco.

ciudad-Estado Sistema político en el que una ciudad independiente gobierna el campo que la rodea. La antigua Grecia estaba formada por muchas ciudades-Estado.

código pirata Lista de reglas que las tripulaciones pirata estaban dispuestas a obedecer.

colonia Tierras reclamadas y pobladas por otro país.

contrabandista Persona que infringe la ley al transportar mercancías o personas en secreto de un país a otro.

contrabandista de licor Persona que introducía alcohol en EEUU durante la Prohibición.

corsario Palabra de origen francés que significa pirata. Nombre dado a los piratas de Berbería. Marinero con permiso del gobierno de un país para atacar a los barcos enemigos.

destierro Castigo por el cual los criminales eran enviados como esclavos a colonias remotas.

doblón Moneda española de oro.

Edad de Oro Período entre 1690 y 1730 en que la piratería era común frente a las costas de Estados Unidos y en el océano Índico.

emigrante Persona que se traslada de un país a otro.

escorbuto Enfermedad de la piel y las encías causada por carencia de vitamina C en la dieta de una persona. Se puede evitar ingiriendo frutas cítricas.

estoque Espada larga y angosta, de dos filos, popular en los siglos XVI y XVII.

galeón Barco de transporte grande, lento y resistente, usado por los españoles desde el siglo XVI hasta el XVIII.

galera Barco propulsado tanto por velas como por hileras de remeros.

gorgojo Tipo de insecto.

guardacostas Policía costera y de servicios de rescate.

harén Grupo de esposas de un gobernante musulmán.

Imperio Otomano Imperio turco en Europa, África y Asia que duró desde el siglo XII hasta 1923.

importar Comprar o traer mercancías de otro país.

impuesto de lujo Impuesto gubernamental sobre artículos suntuarios, como tabaco, llevados de un país a otro.

Jolly Roger Bandera usada por los piratas.

junco Barco asiático con velas hechas de esteras de bambú.

lancha rápida Lancha pequeña y moderna, de casco ligero de fibra de vidrio y en forma de V.

magnetómetro Instrumento que mide el campo magnético de un objeto. Puede usarse bajo el agua para detectar objetos metálicos enterrados bajo el lecho marino.

mosquete Tipo primitivo de pistola, con cañón largo.

motín Rebelión en contra de la autoridad. En un motín en el mar, los marineros comunes se apoderaban del barco y le quitaban el mando al capitán.

musulmán Persona que practica la religión del Islam.

narcóticos Drogas.

opio Droga hecha con las semillas de la flor de la amapola.

opresión política Maltrato hacia alguien por sus creencias políticas.

patente de corso Permiso dado a un marinero por el que se le permite atacar a los barcos enemigos. Ver también corsario.

ochavo Moneda española de plata.

pirata de Berbería Pirata musulmán de las costas del norte de África.

piratería Robo o destrucción de los bienes de alguien.

popa Parte posterior de un barco.

Prohibición Ley que prohibió la venta de alcohol en EEUU en la década de 1920. Propició el contrabando.

quilla Maderamen inferior de un barco, que recorre todo su largo y soporta el armazón del casco.

radar Sistema para rastrear objetos por medio de señales de radio.

refugiado Persona que sale del peligro o de un conflicto, por lo general yendo de un país a otro.

rescate Dinero solicitado para soltar a una persona capturada.

ruta pirata Viaje de ida y vuelta de América al África occidental y el Océano Índico.

sonda Sistema que usa señales de sonido para medir la profundidad.

timón Estructura grande y plana fijada con bisagras a la popa de un barco y que gira para dirigir el barco.

vela latina Vela triangular usada en los barcos árabes.

vikingo Guerrero escandinavo que invadió Europa entre los siglos VIII y XI.

Índice

Agradecimientos

La editorial quisiera agradecer a aquellos que permitieron la reproducción de las imágenes. Se han tomado todas las precauciones para encontrar a los propietarios de los derechos de las mismas. Sin embargo, si hubiese habido una omisión o fallo la editorial se disculpa de antemano y promete, si es informada, hacer las correcciones pertinentes en una siguiente edición.

Clave: *b* = abajo, *c* = centro, *l* = izquierda, *r* = derecha, *t* = arriba

Cover *l* Corbis/Joel W. Rogers; cover *c* Corbis/Archivo Iconografico, S.A.; cover *r* Getty Hulton; page 1 Mary Evans Picture Library; 2–3 *The Buccaneers*, by Frederick Judd Waugh (1861–1940)/Private Collection/www.bridgeman.co.uk; 4–5 Corbis/Michael S. Yamashita; 7*b* akg-images/Gilles Mermet; 8*bl* Ancient Art and Architecture Collection Ltd; 8–9*tc* akg-images/Erich Lessing; 11*br* akg-images; 12*tr* Corbis/Christie's Images; 12*bl* The Art Archive; 12–13*b* National Maritime Museum, London; 14*bl* Ancient Art & Architecture Collection Ltd; 15*tr* Mary Evans Picture Library; 14–15*b* Corbis/Bettmann; 16*tl* Corbis/Richard T. Nowitz; 16–17 Mary Evans Picture Library; 17*tl* The Art Archive/Museo Regional de Oaxaca Mexico/Dagli Orti; 17*tr* Mary Evans Picture Library; 18*tl* akg-images/British Library; 19*t* Rex/Percy Hatchman; 20*bl* Mary Evans Picture Library; 20*tr* Heritage-Images/The British Library; 21 Mary Evans Picture Library; 22*bl* Tina Chambers © Dorling Kindersley; 23*br* Hulton Archive/Getty Images; 24*tr* Corbis/Bettmann; 24*bl* Rex/C. W. Disney/Everett (EVT); 25*b* Corbis/Bettmann; 27*tr* akg-images; 27*br* Still Pictures/Benny Odeur; 28–29*b* Mary Evans Picture Library; 29*tr* Corbis/The Mariners' Museum; 28*tr* Topfoto/British Museum/HIP; 30*bl* Corbis/Bettmann; 30*tr* akg-images/Touchstone Pictures/Album; 31*cl* akg-images; 31*r* Corbis; 32–33*b* Howard Pyle, *Marooned*, 1909, Oil on canvas, Delaware Art Museum DAM #1912-936; 32*tl* National Maritime Museum, London; 32*br* akg-images; 32*cr* Heritage-Images/The Board of Trustees of the Armouries; 33*cl* The Art Archive/Galleria Estense, Modena/Dagli Orti; 33*r* The Art Archive; 34–35 National Maritime Museum, London; 35*tr* Corbis/Asian Art & Archaeology, Inc.; 35*br* Corbis/Stapleton Collection; 36–37*b* The Art Archive/ Chateau de Blerancourt/Dagli Orti; 36*tr* Corbis/John Springer Collection; 37*br* akg-images/Arco Films/Balcazar Prod./Edic/ Rialto Films/Album; 38*bl* National Maritime Museum, London; 39*tl* Heritage-Images/The National Archives; 39*b* Topfoto; 40*tl* akg-images; 40–41*b* akg-images; 41*tr* Mary Evans Picture Library; 42*tl* Alamy/Doug Steley; 43*t* Corbis/Peter Turnley; 44*tr* Mary Evans Picture Library; 44*bl* Corbis/Bettmann; 45*tr* Corbis/Bettmann; 45*b* Corbis; 46*tl* Topfoto/PA; 47 Topfoto/PA; 48*tr* Corbis/Martin Harvey; 48*bl* Corbis/Robert Maass; 49*tr* Topfoto/Imageworks; 49*br* Corbis/Kevin Schafer; 50*b* Corbis Sygma/Fort Lauderdale Sen; 50*cr* Rex/Sipa Press (SIPA); 51 Corbis/Reuters; 52*cl* Corbis/Albrecht G. Schaefer; 52–53*c* Moreau Jean-Luc/Gamma/Katz; 53*tr* Corbis/Ricardo Azoury; 54*bl* Alamy/3C Stock; 54*tr* Topfoto/Imageworks; 55*tr* Alamy/ Iain Davidson Photographic; 55*br* Rex/Lewis Durham; 56*t* Topfoto/Public Records Office/HIP; 56*b* Corbis/Jeffrey L. Rotman; 56–57 *(background)* Topfoto/Public Records Office/HIP; 57*r* Alamy/Fabrice Bettex; 57*bl* Corbis/Richard T. Nowitz; 58*tl* Getty Images/Time Life Pictures; 58*tr* Corbis/Ralph White; 58*bl* Heritage Images/The British Museum; 59*cr* Corbis/Rob Howard; 60*l* akg-images/Cutthroat Productions/David James/Album; 61*r* akg-images/Cutthroat Productions/David James/Album; 62–63 *(background)* Ancient Art & Architecture Collection Ltd; 64*b* Mary Evans Picture Library

El editor desea dar las gracias a los siguientes ilustradores:
Steve Weston (Linden Artists) 8–9*b*, 10–11, 26*tl*, 26–27; Encompass Graphics 22–23, 25*tr*, 46*b*

El editor también desea dar las gracias a Ian Harvey por su apoyo de investigación.

Tripulación de Barbanegra